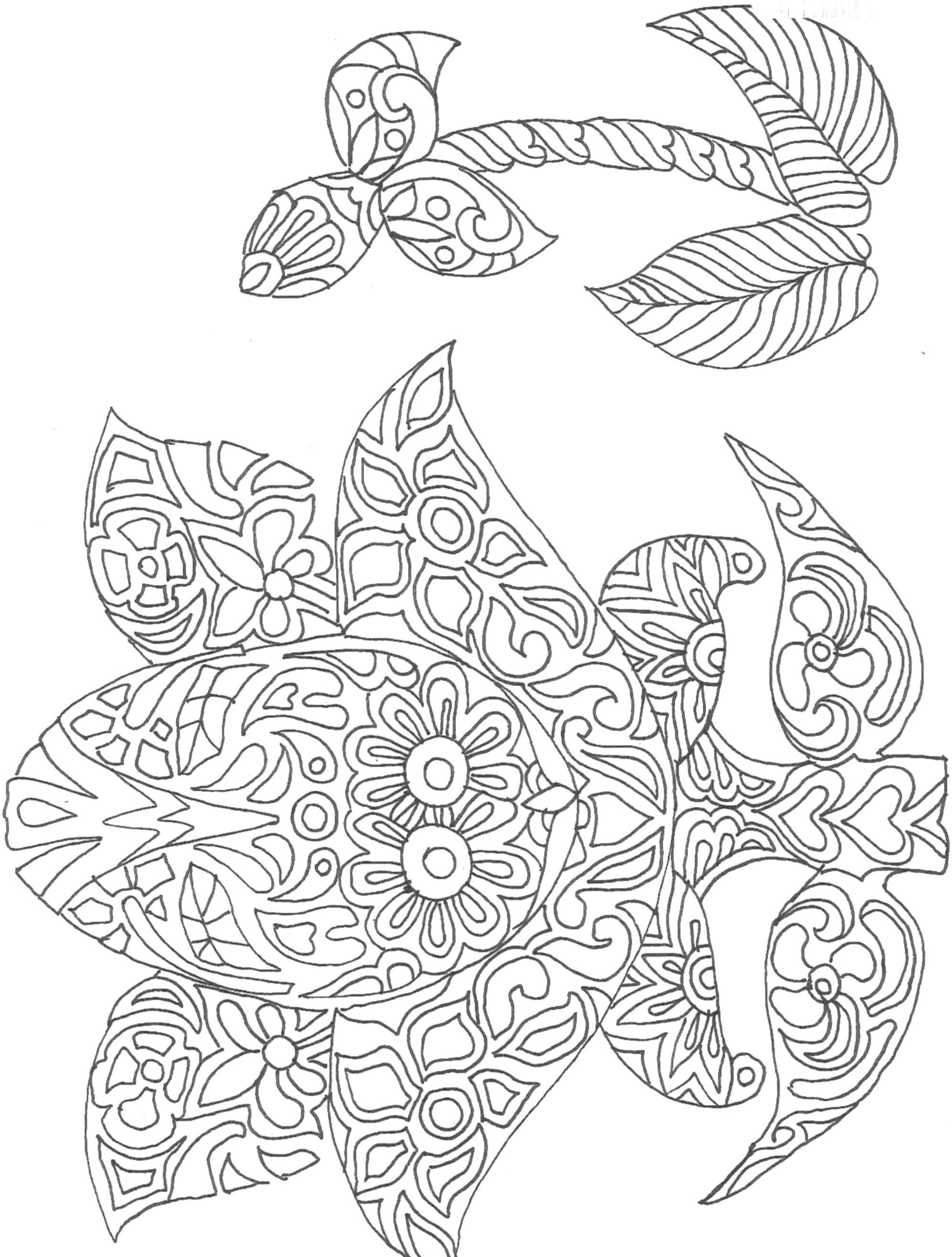

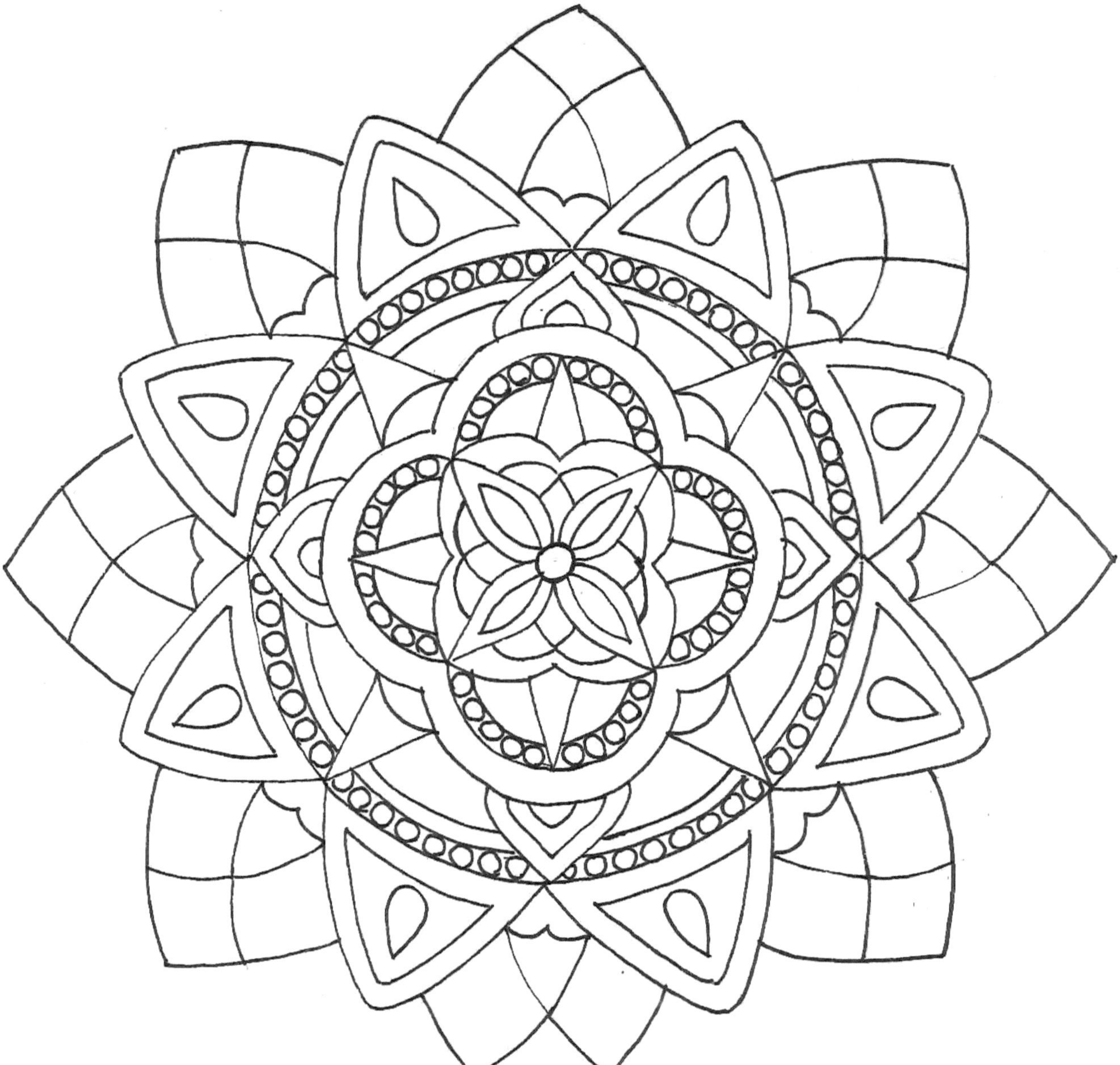

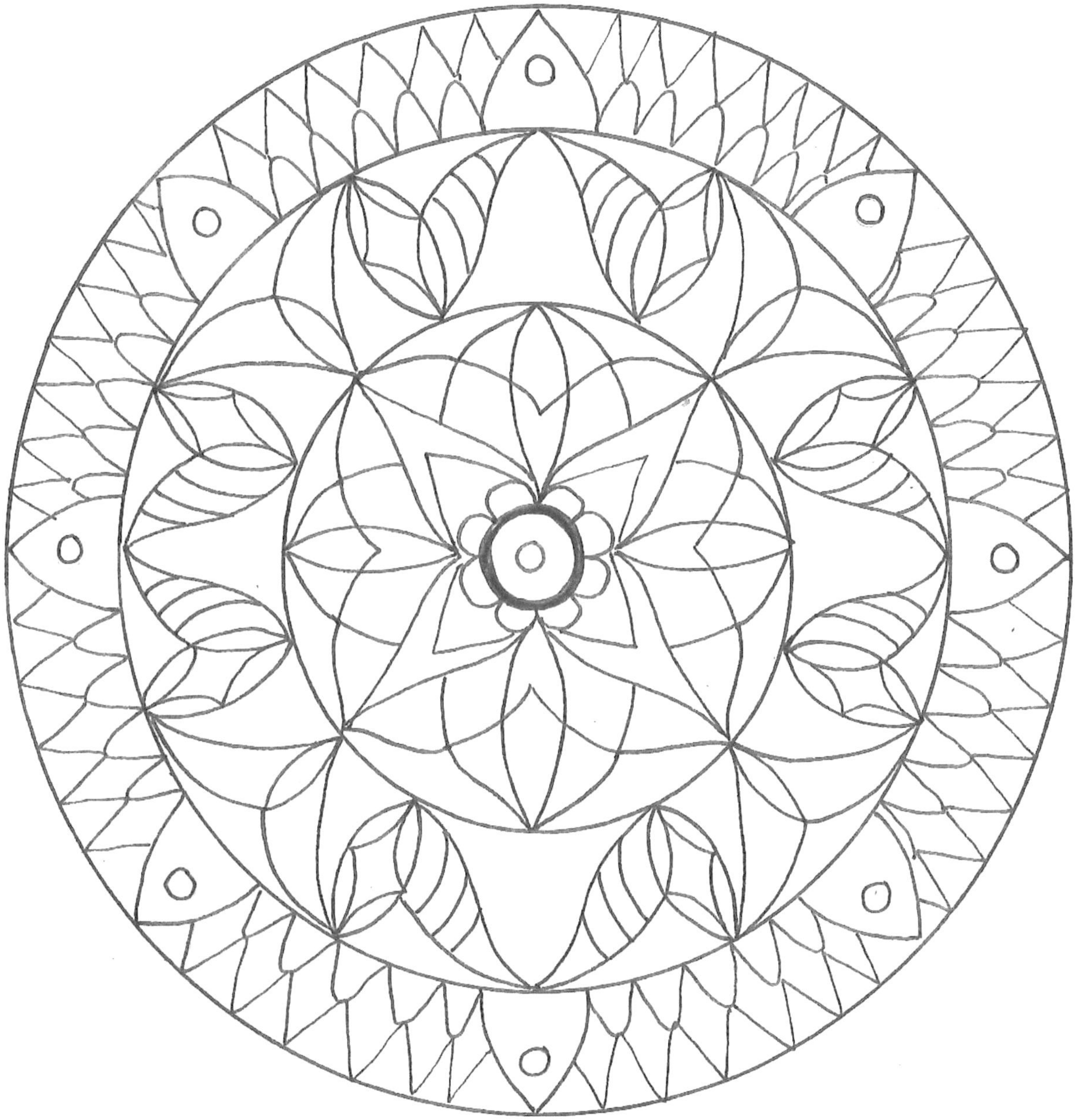

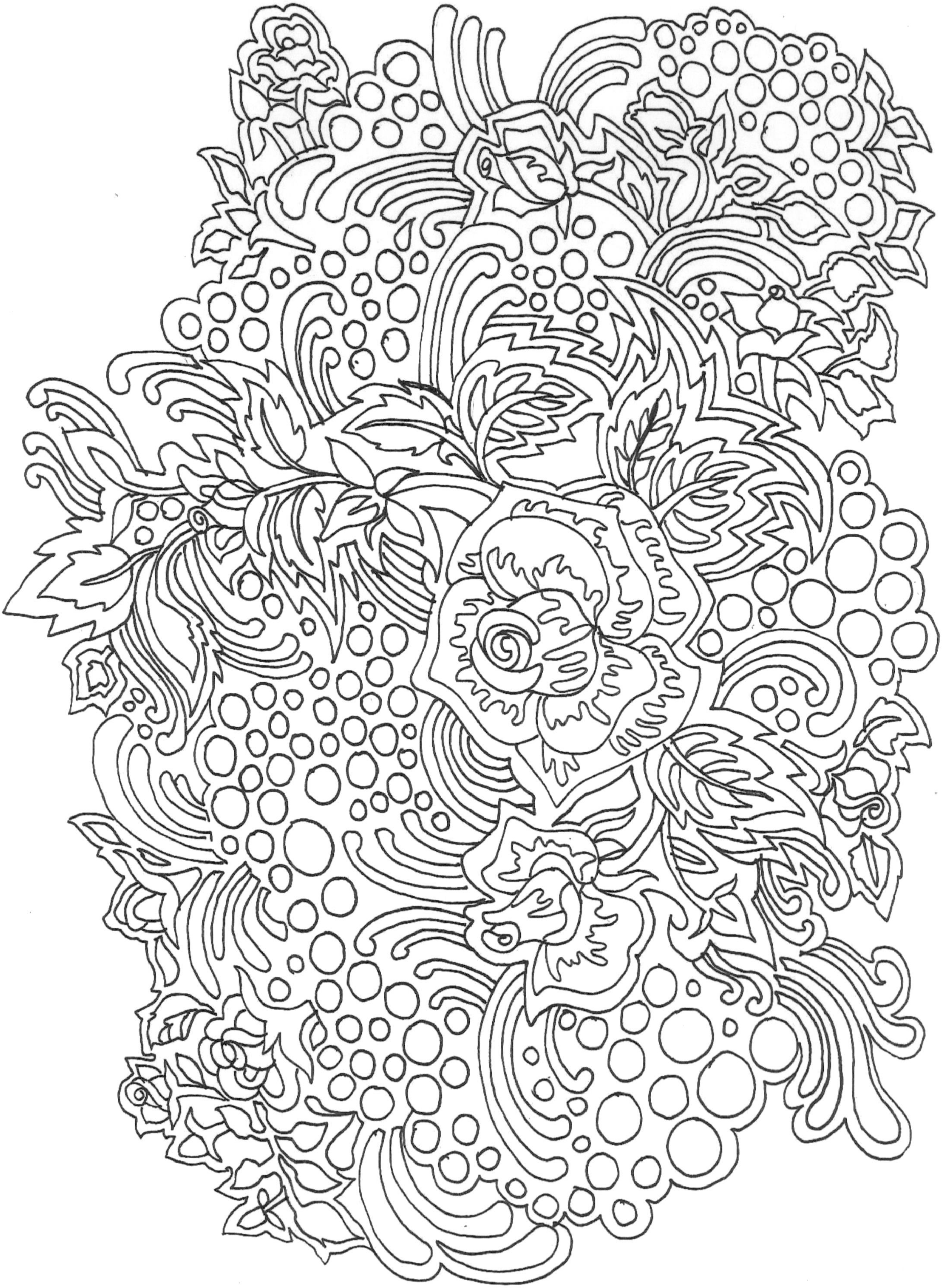

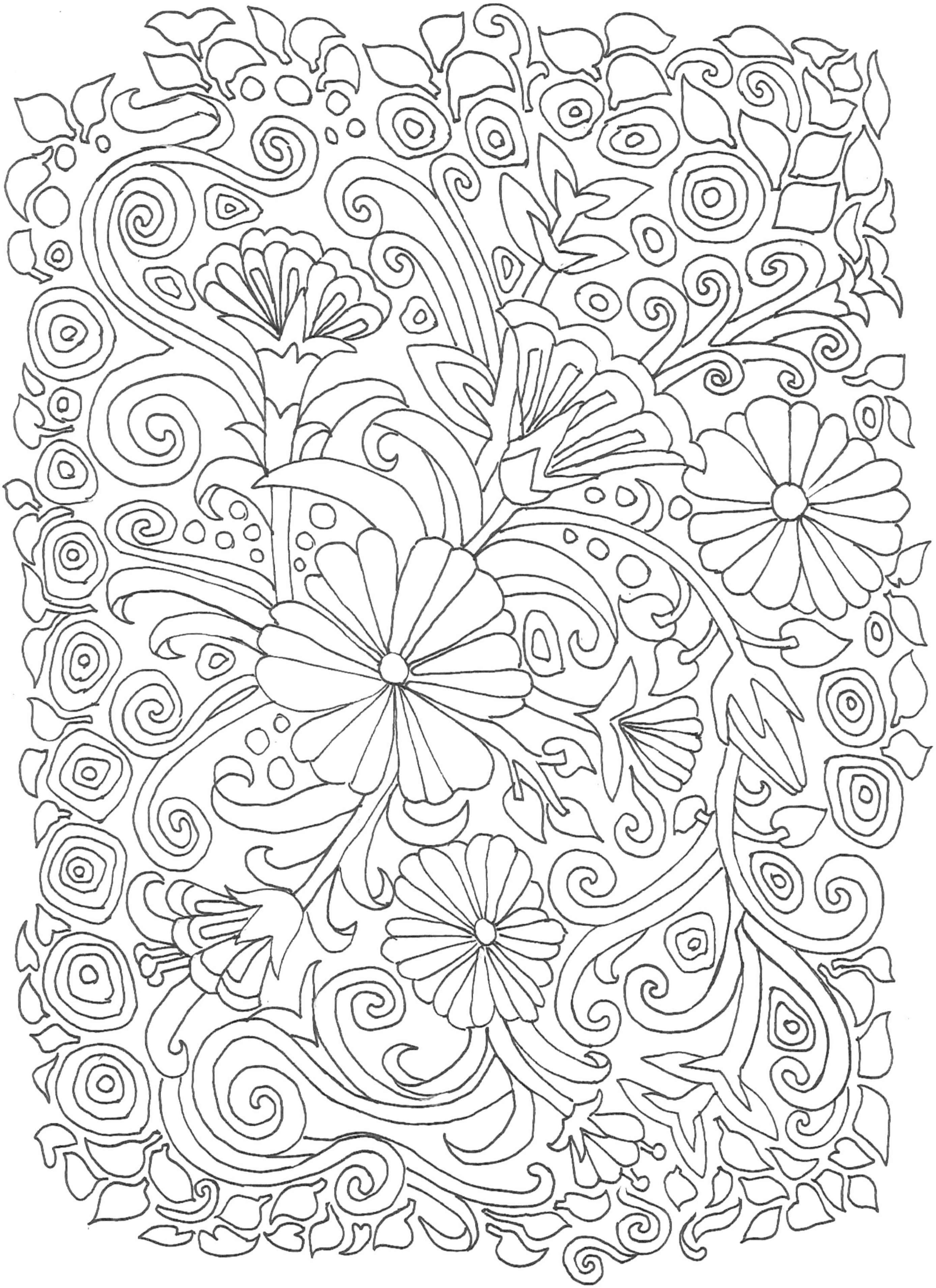

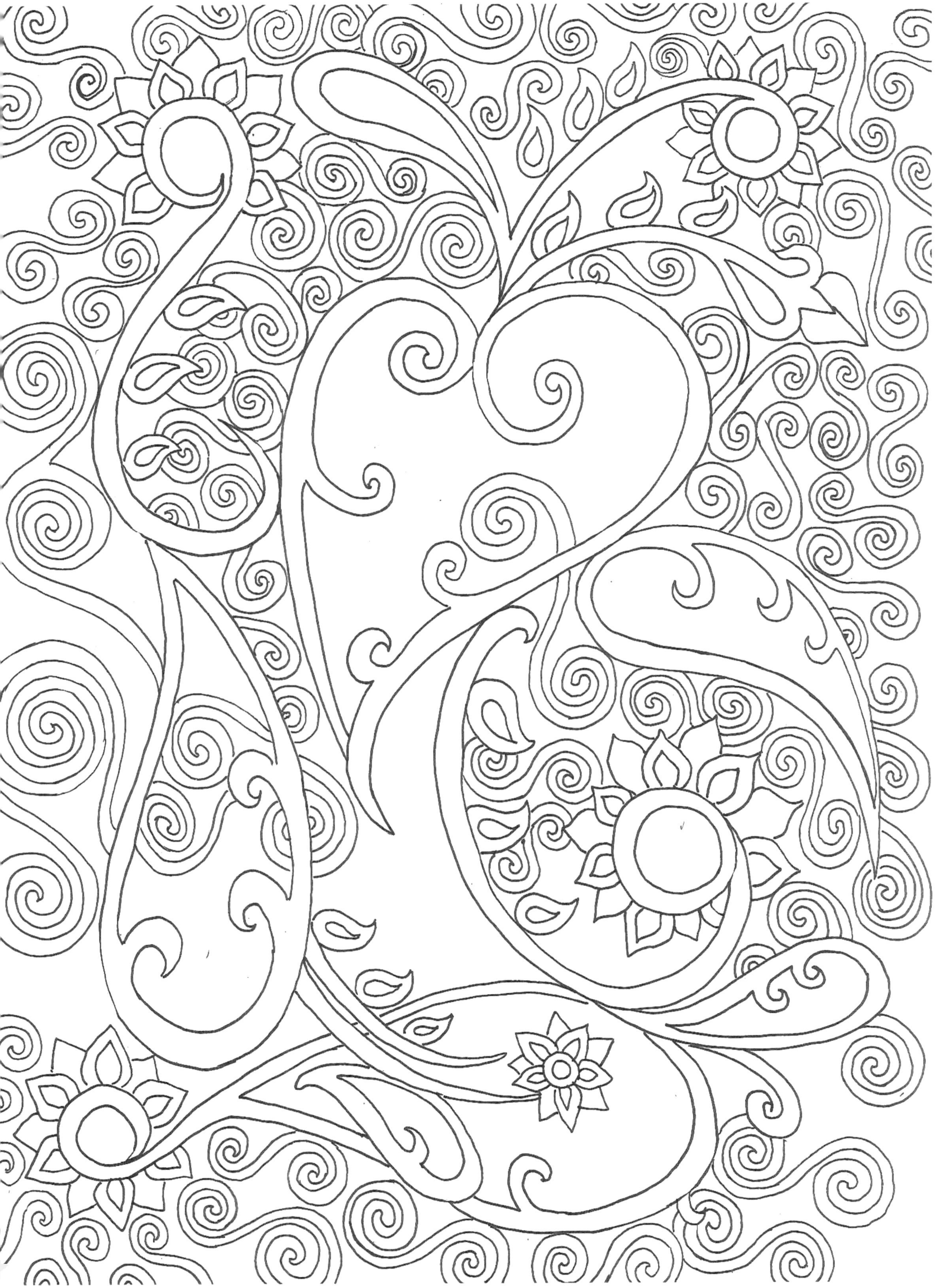

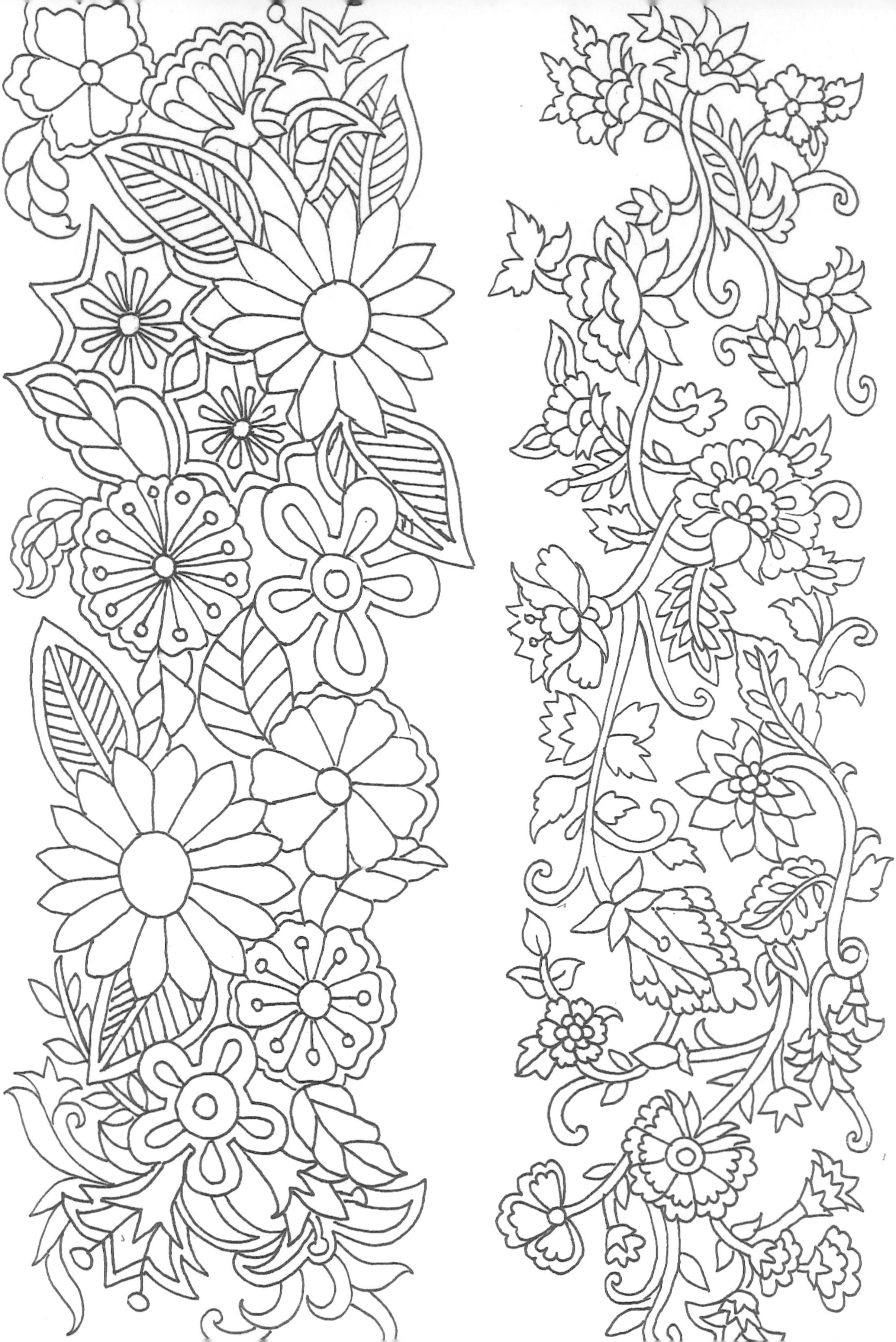

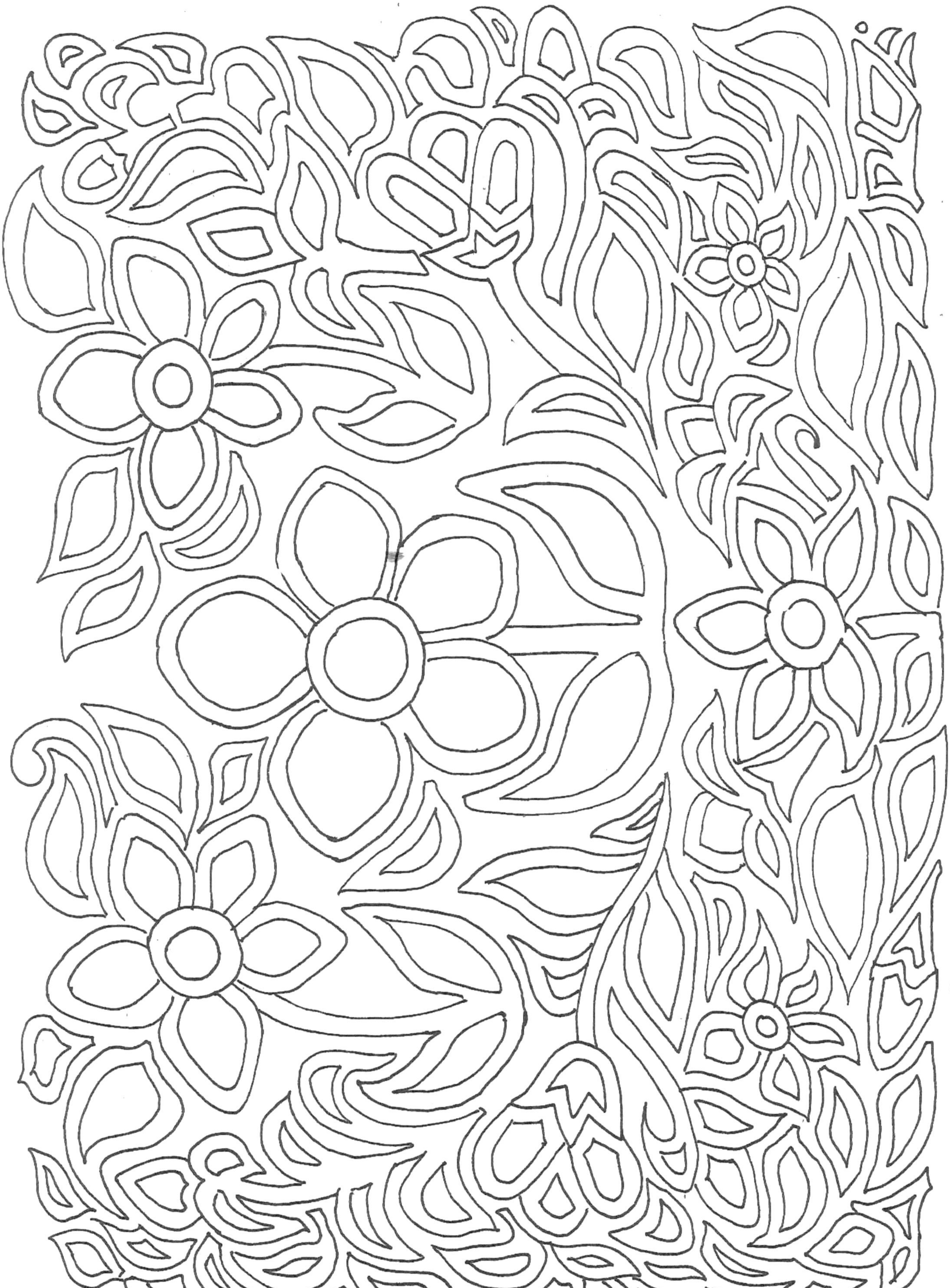

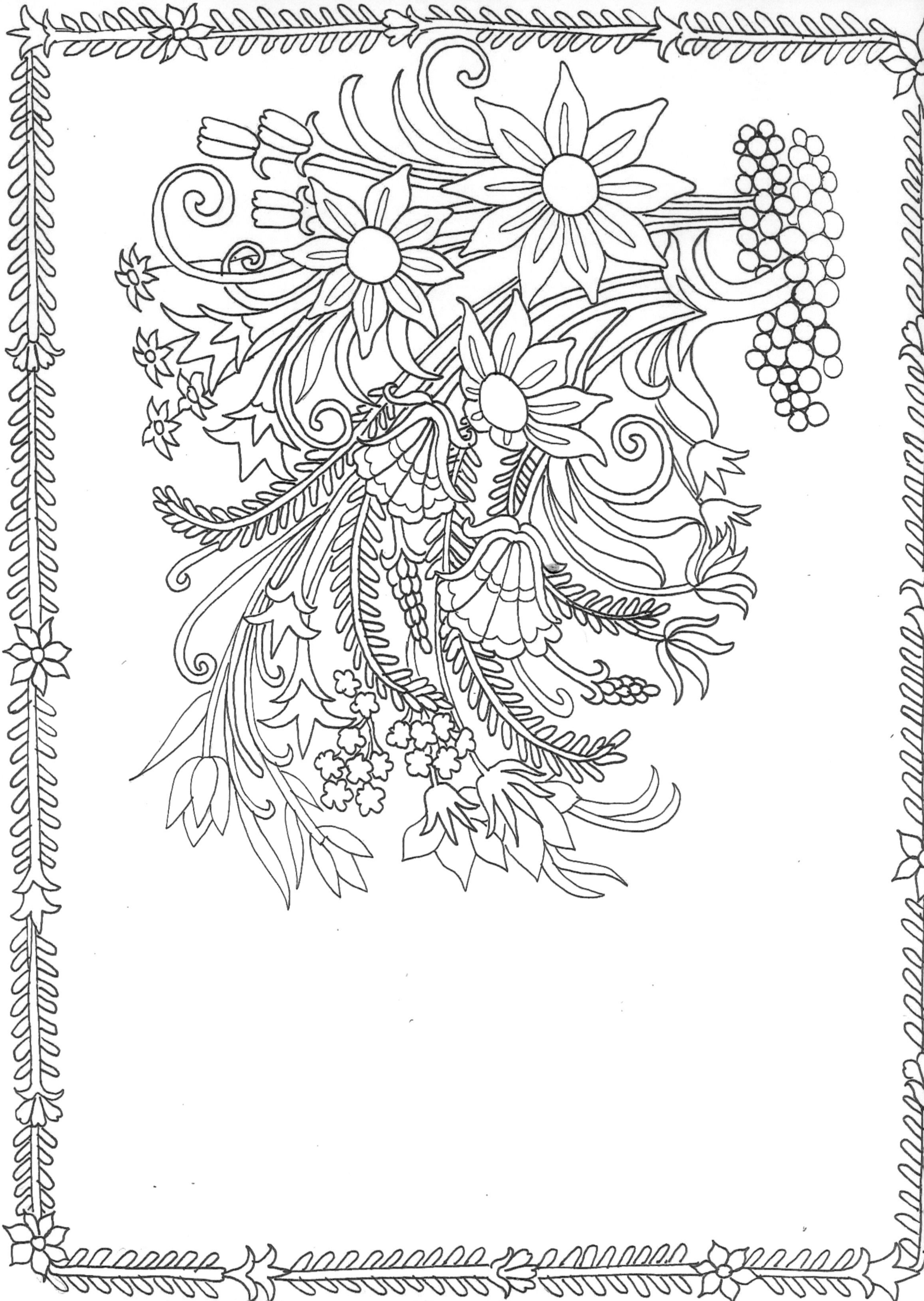

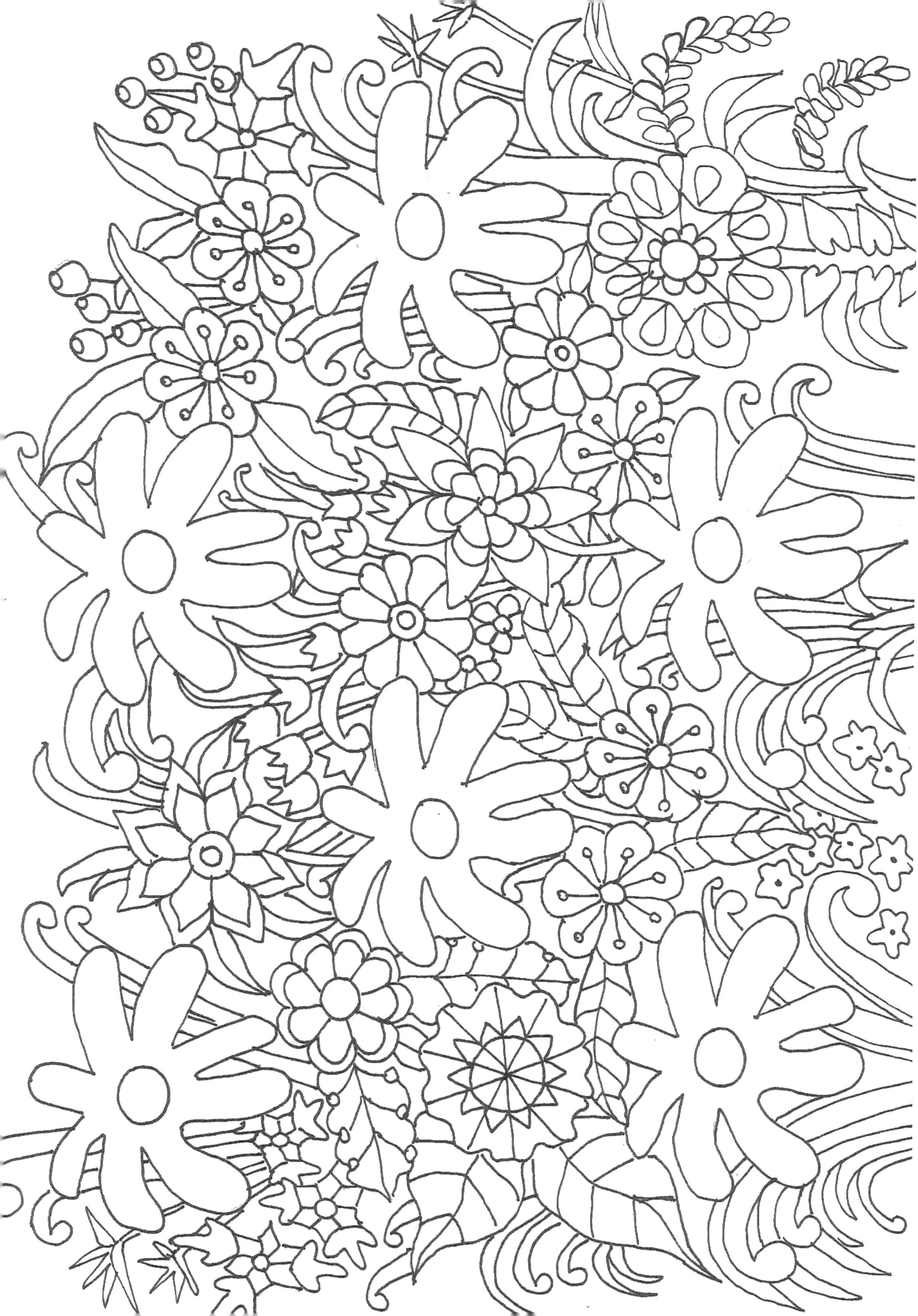

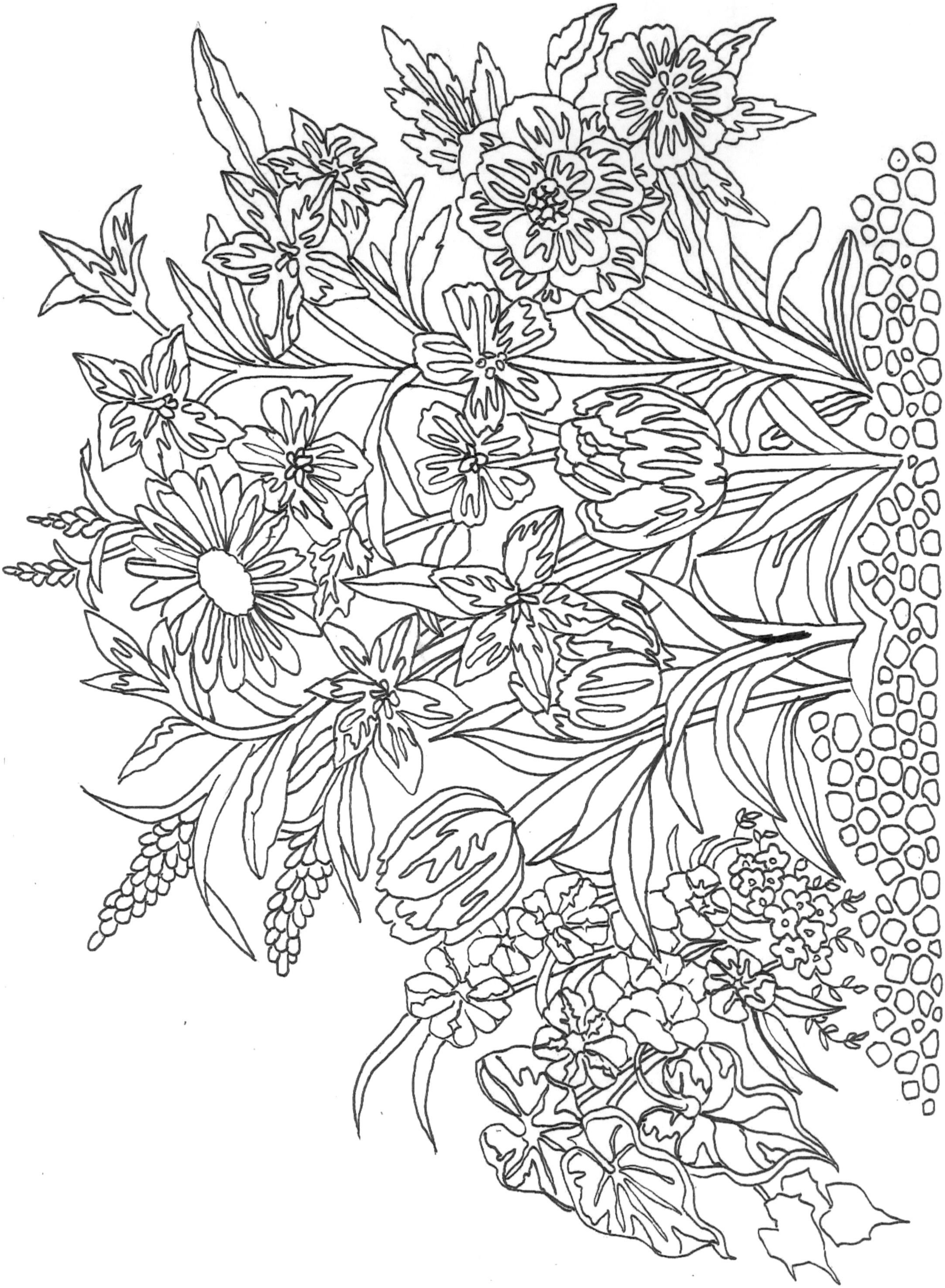

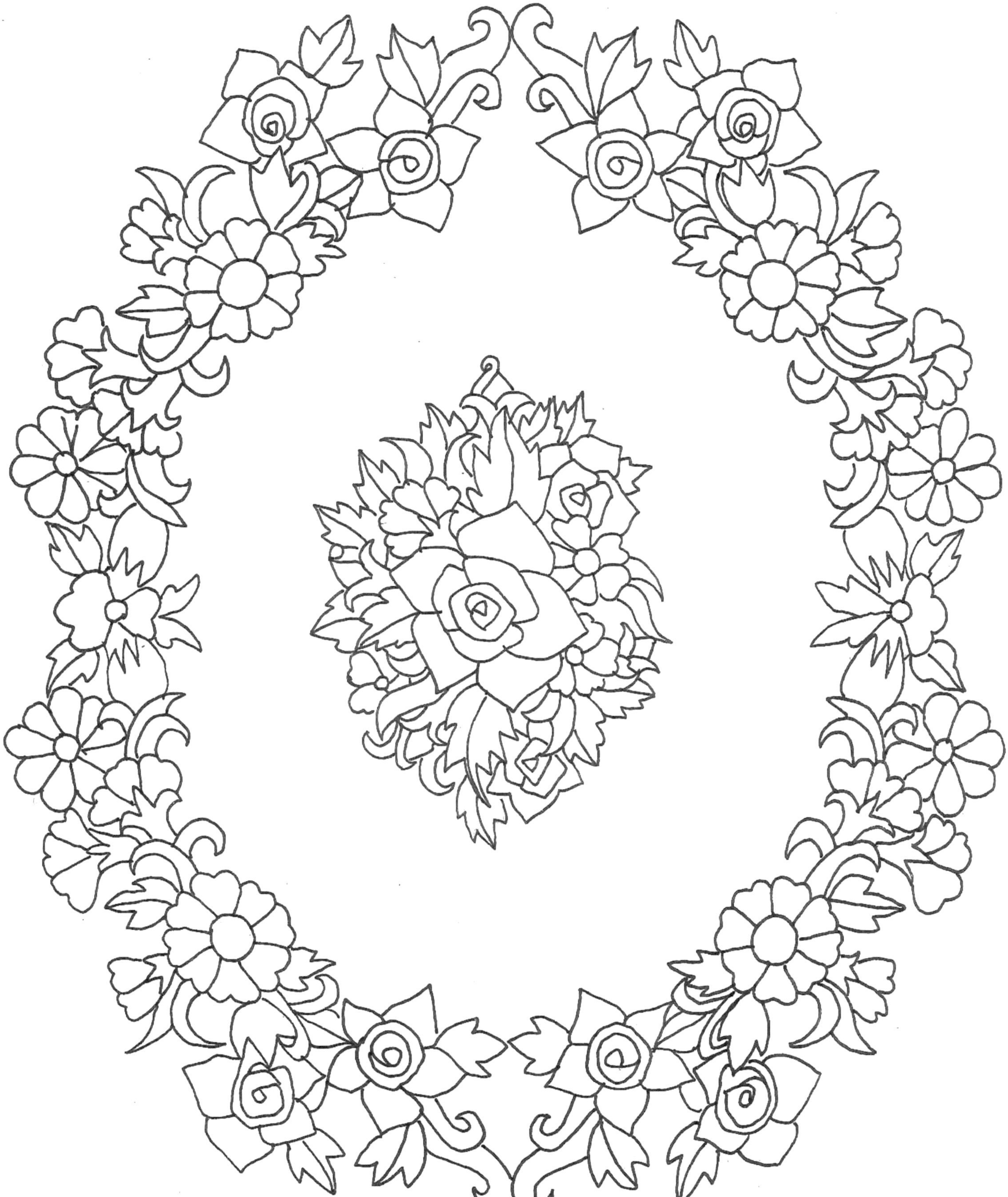

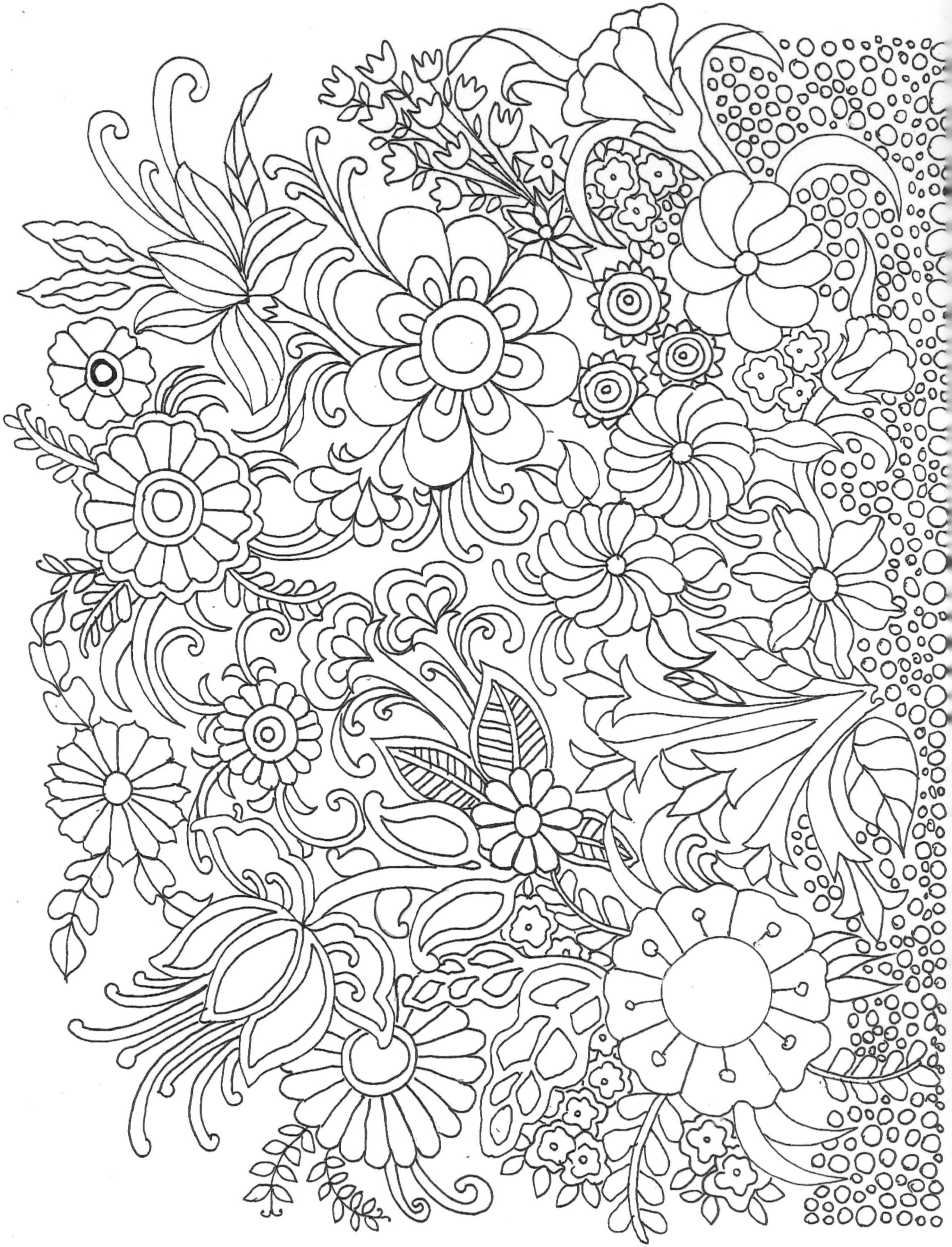

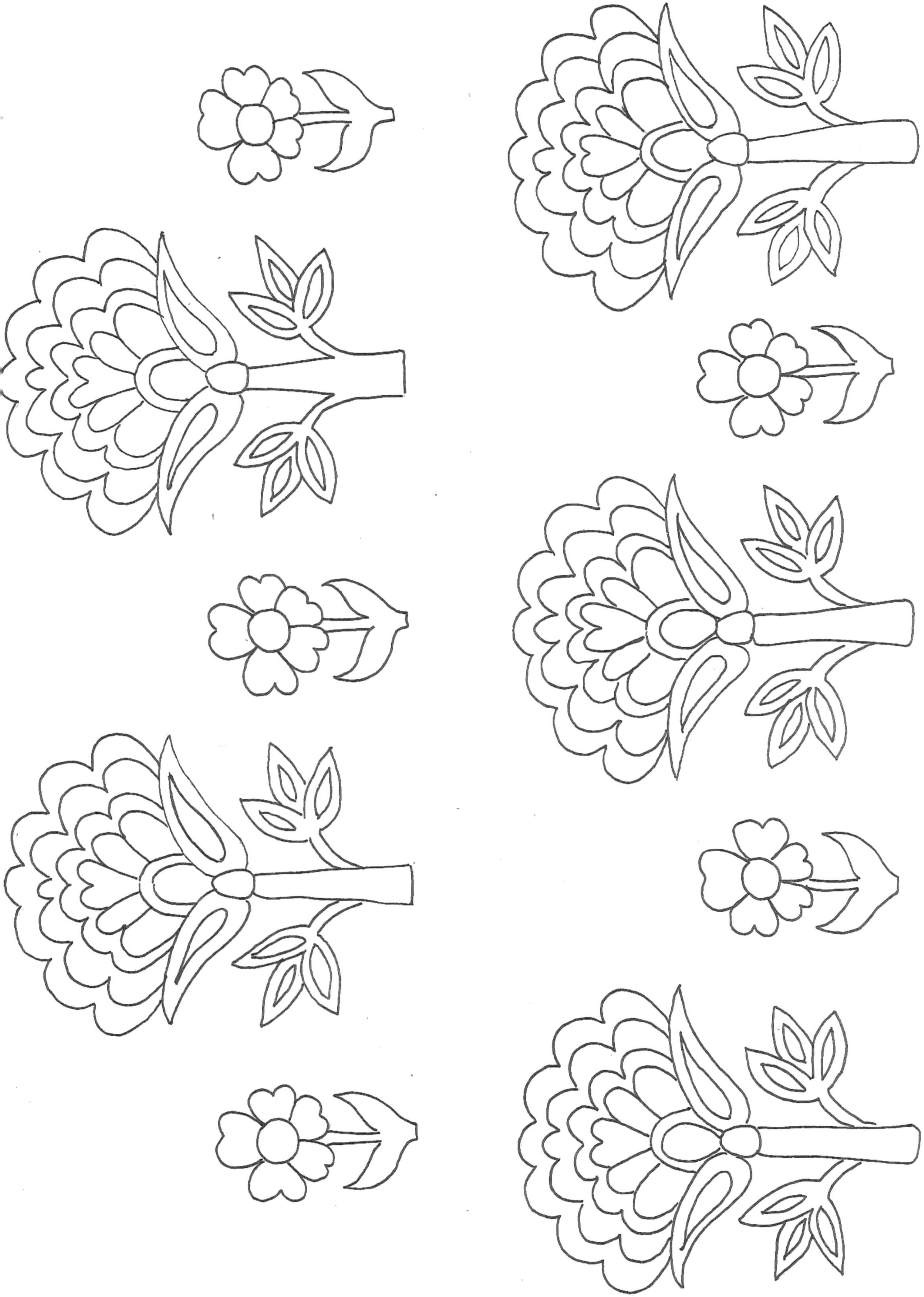

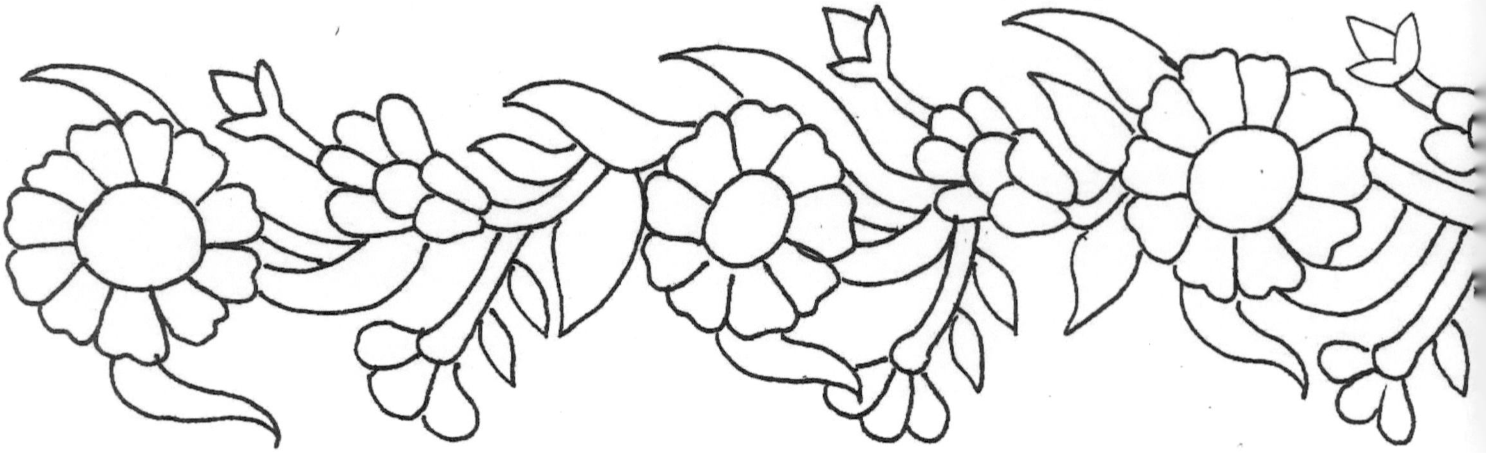

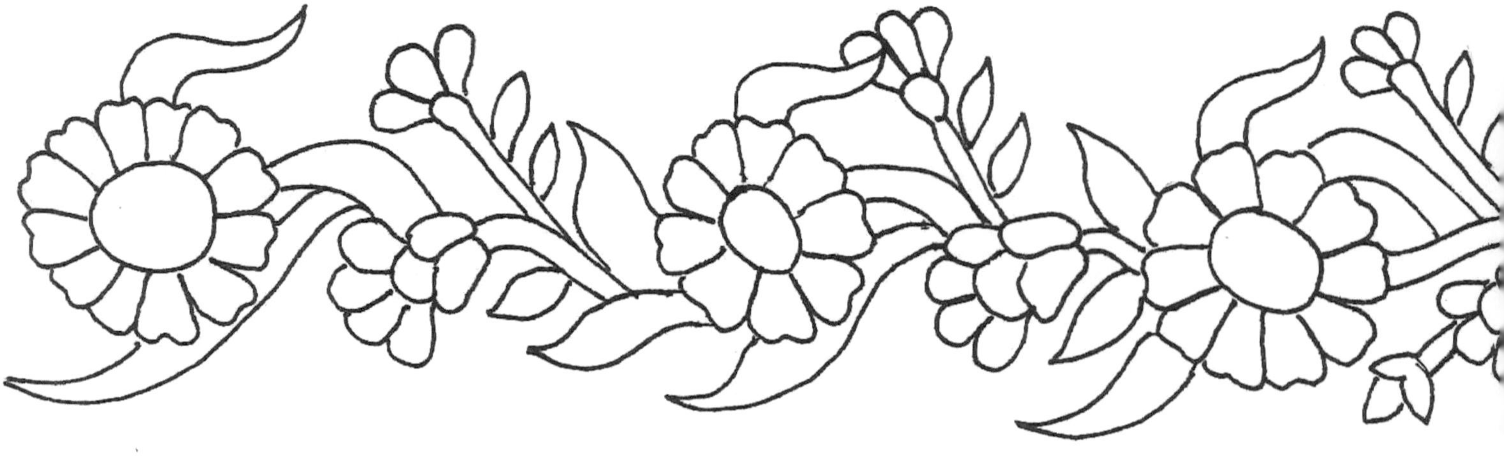

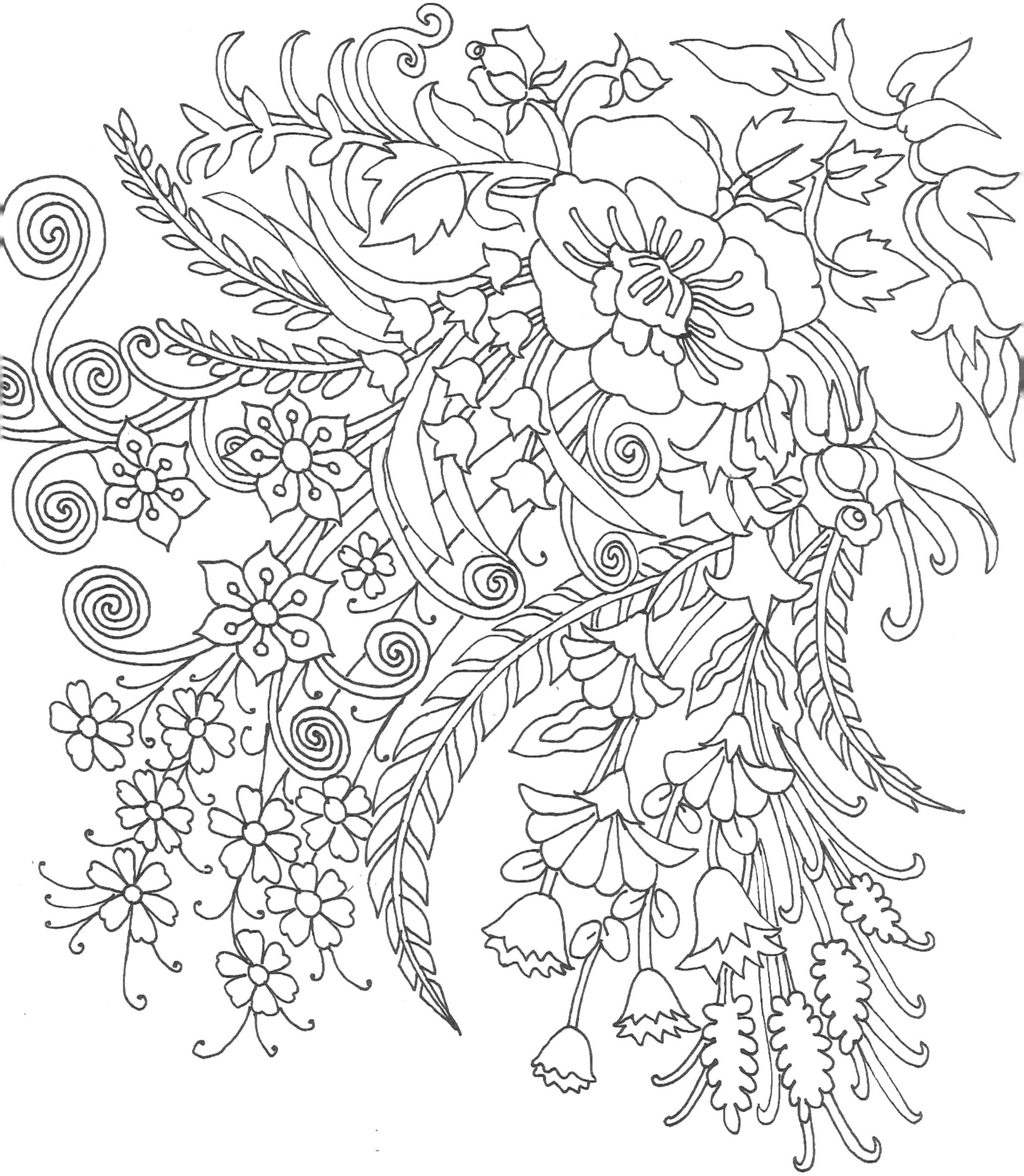

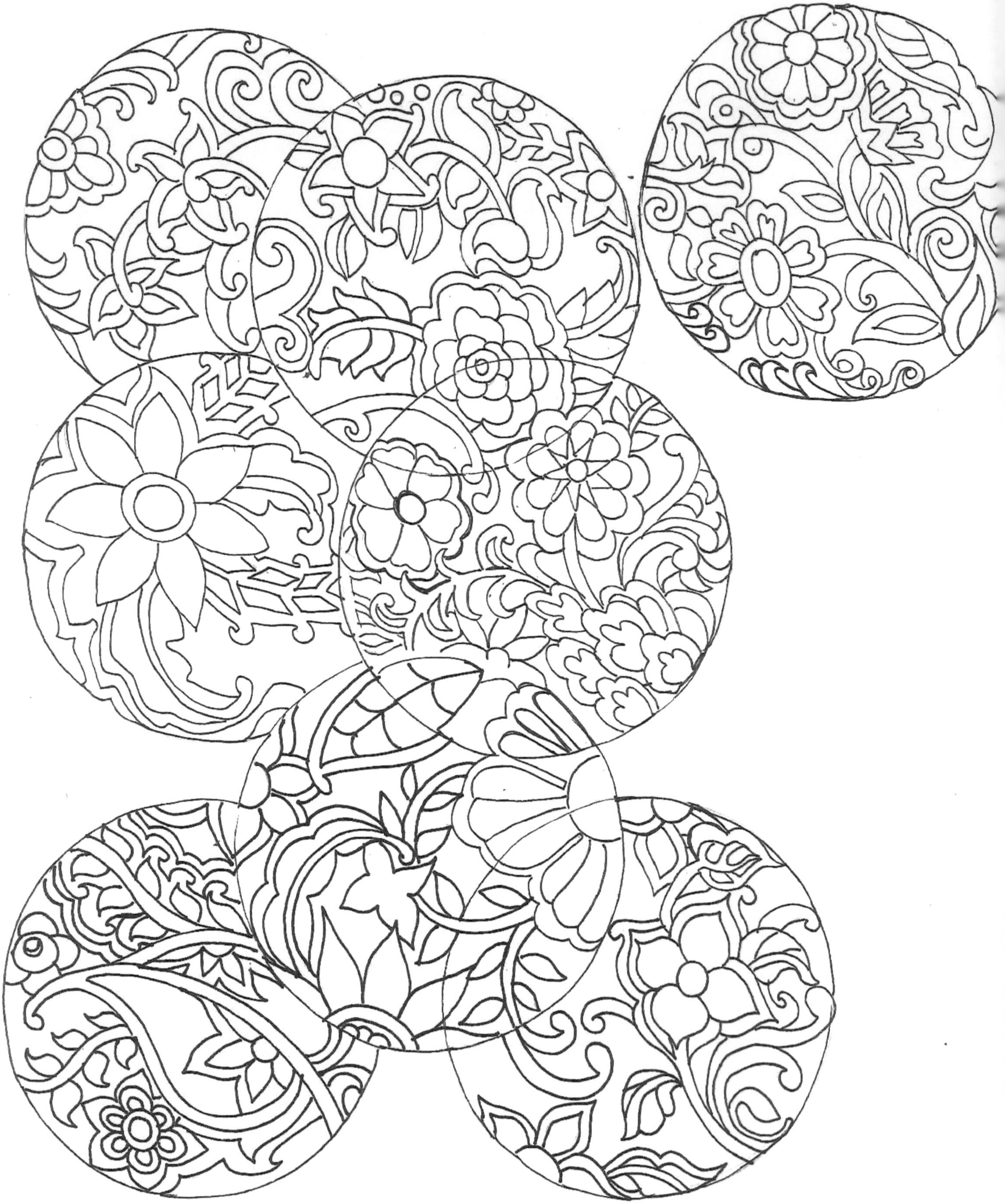

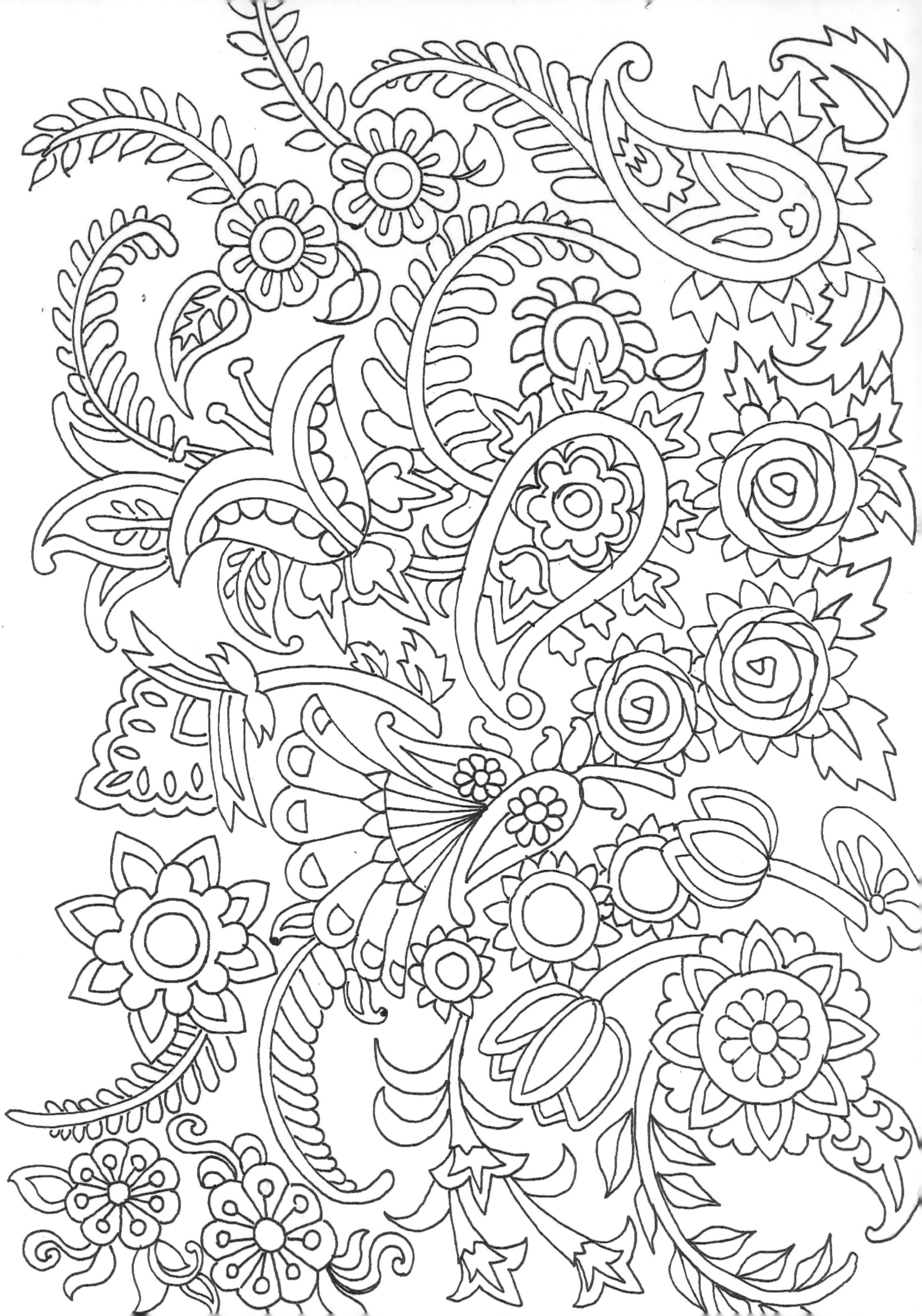

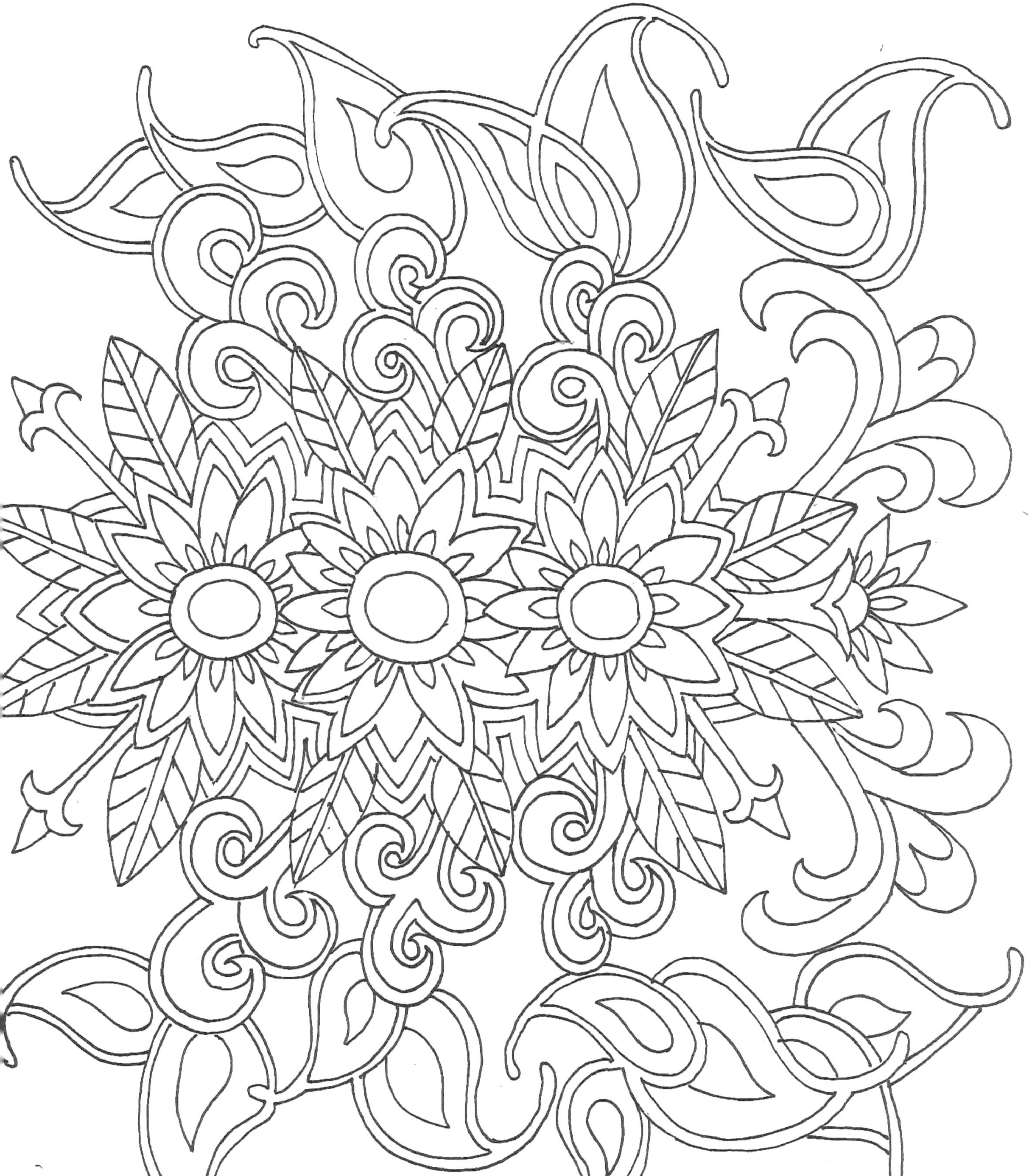

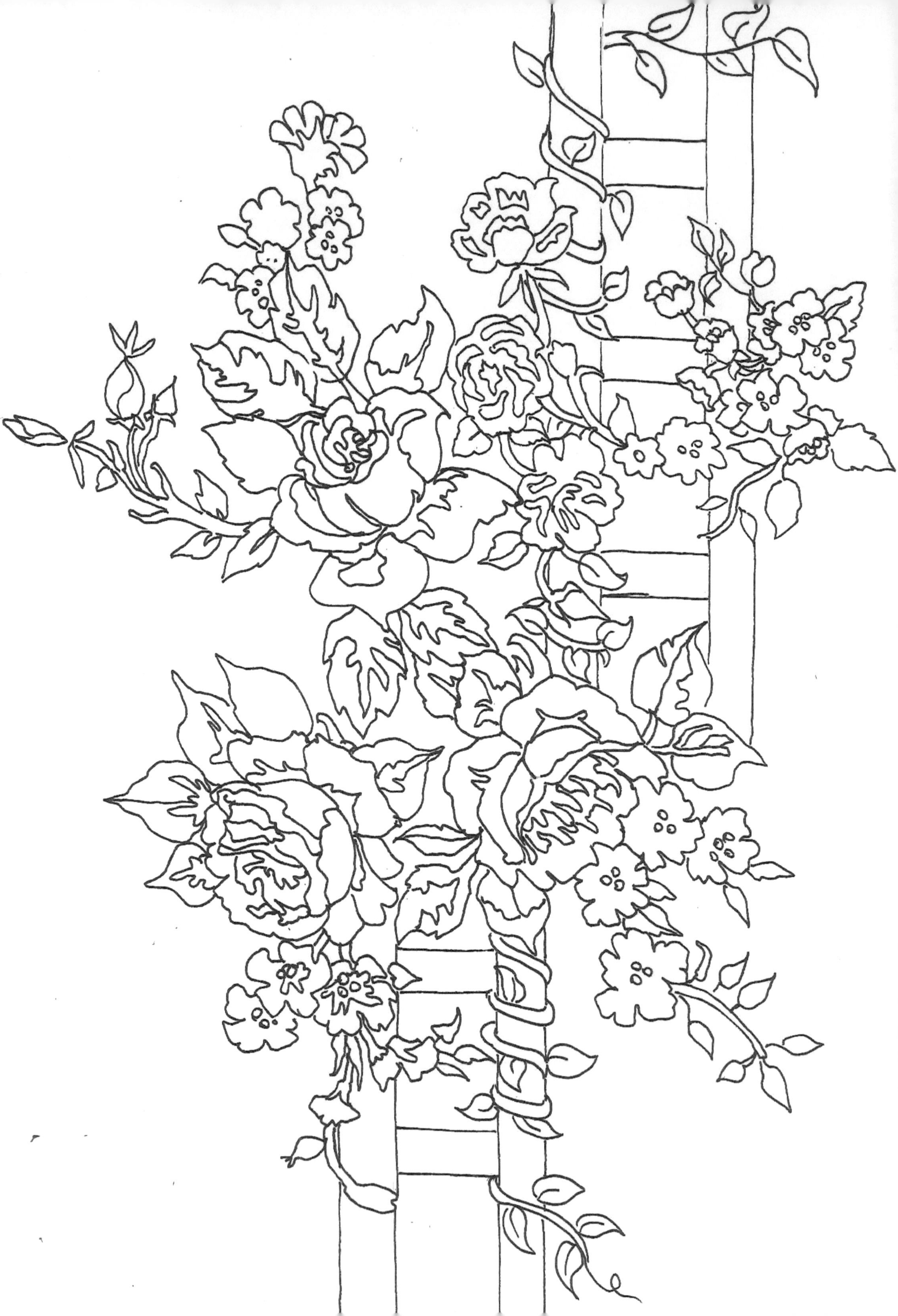

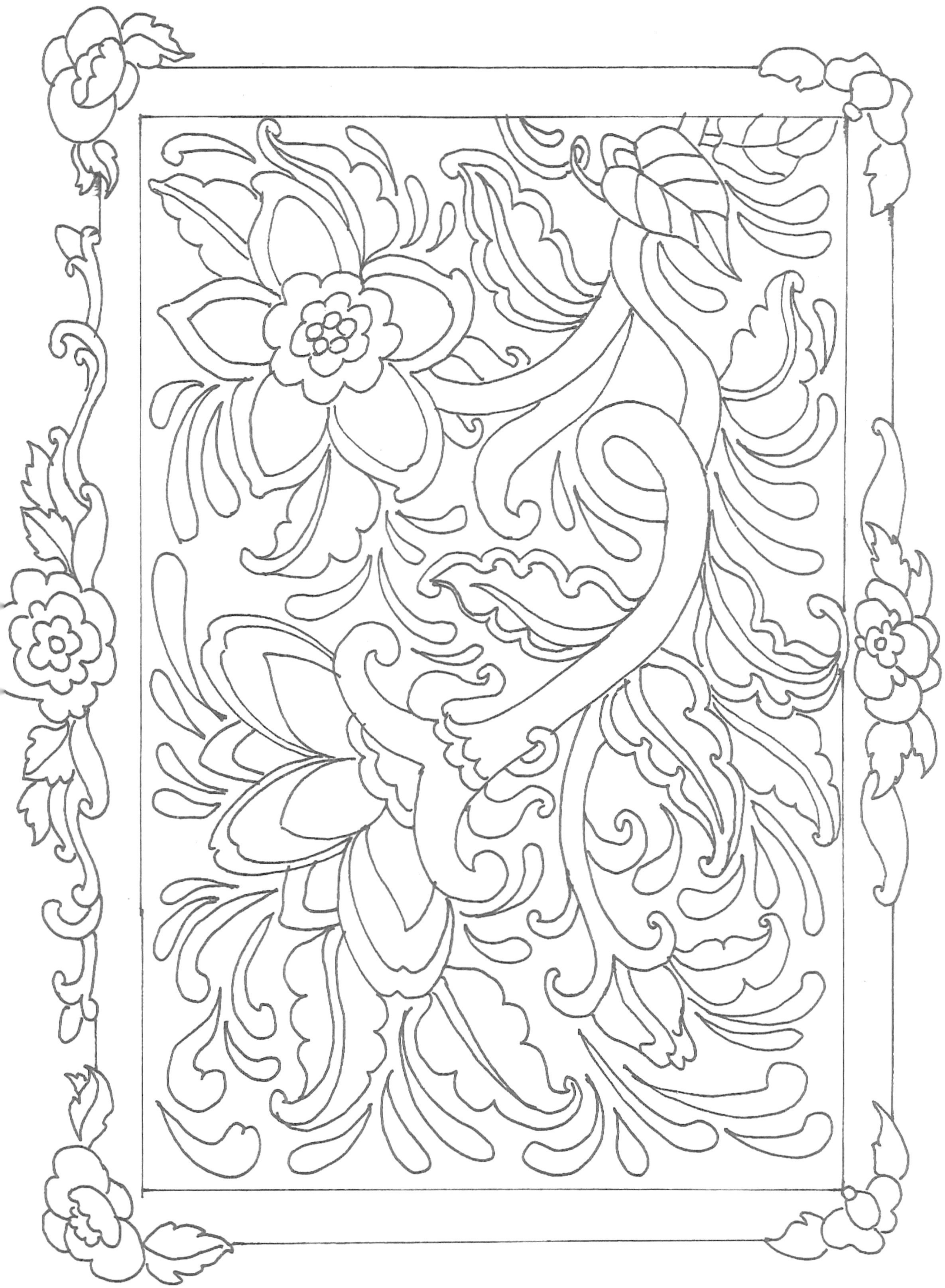

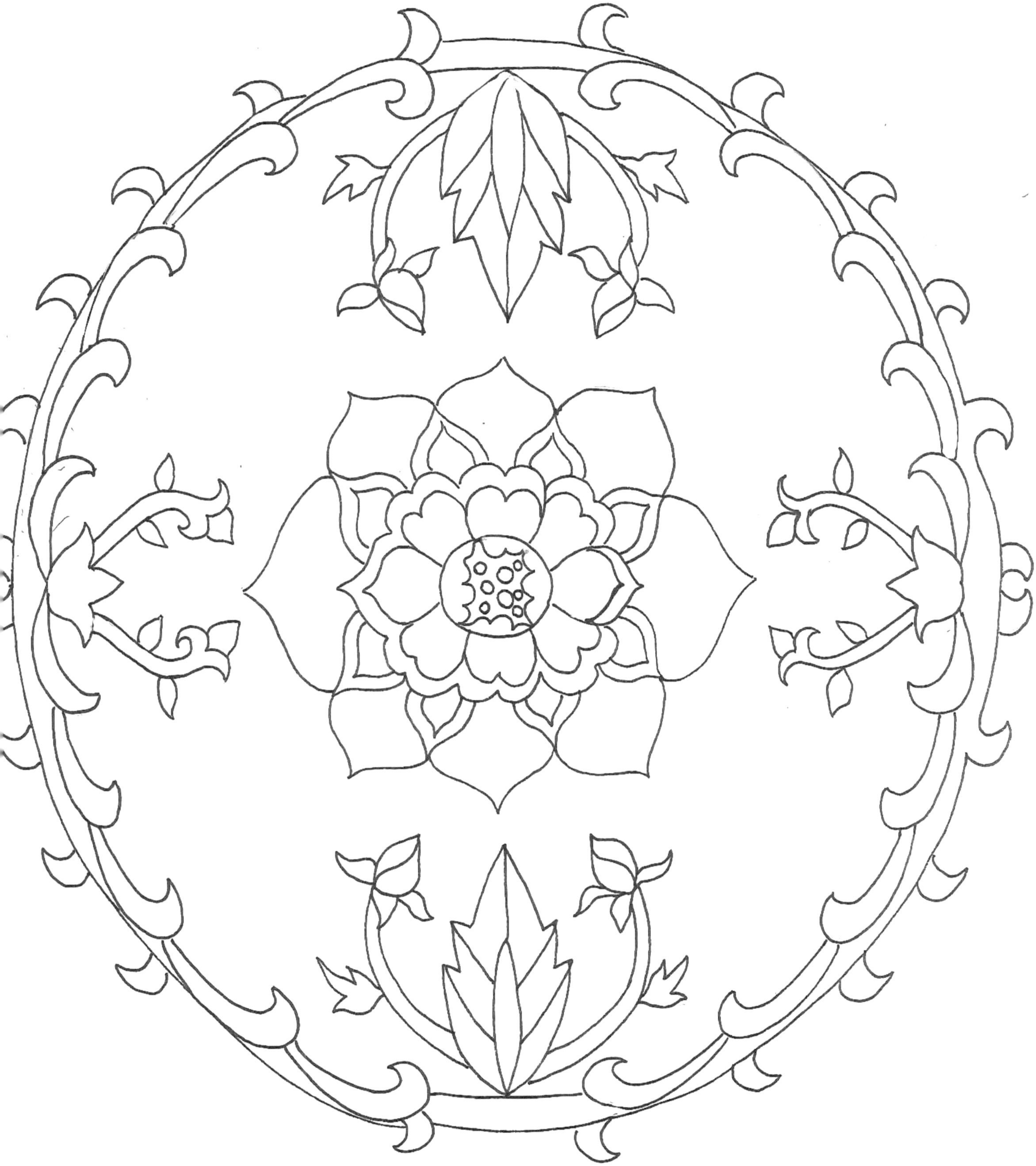

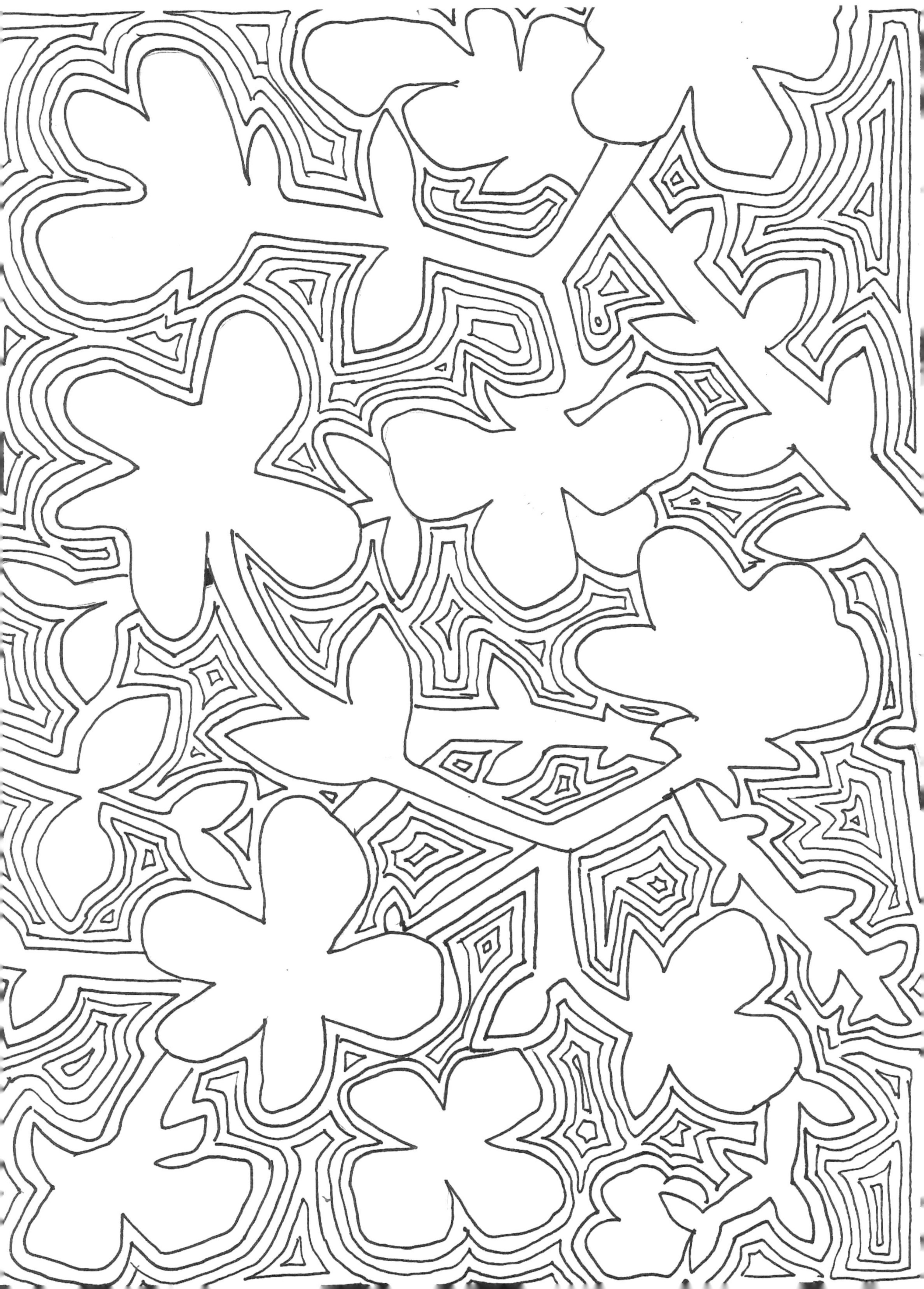

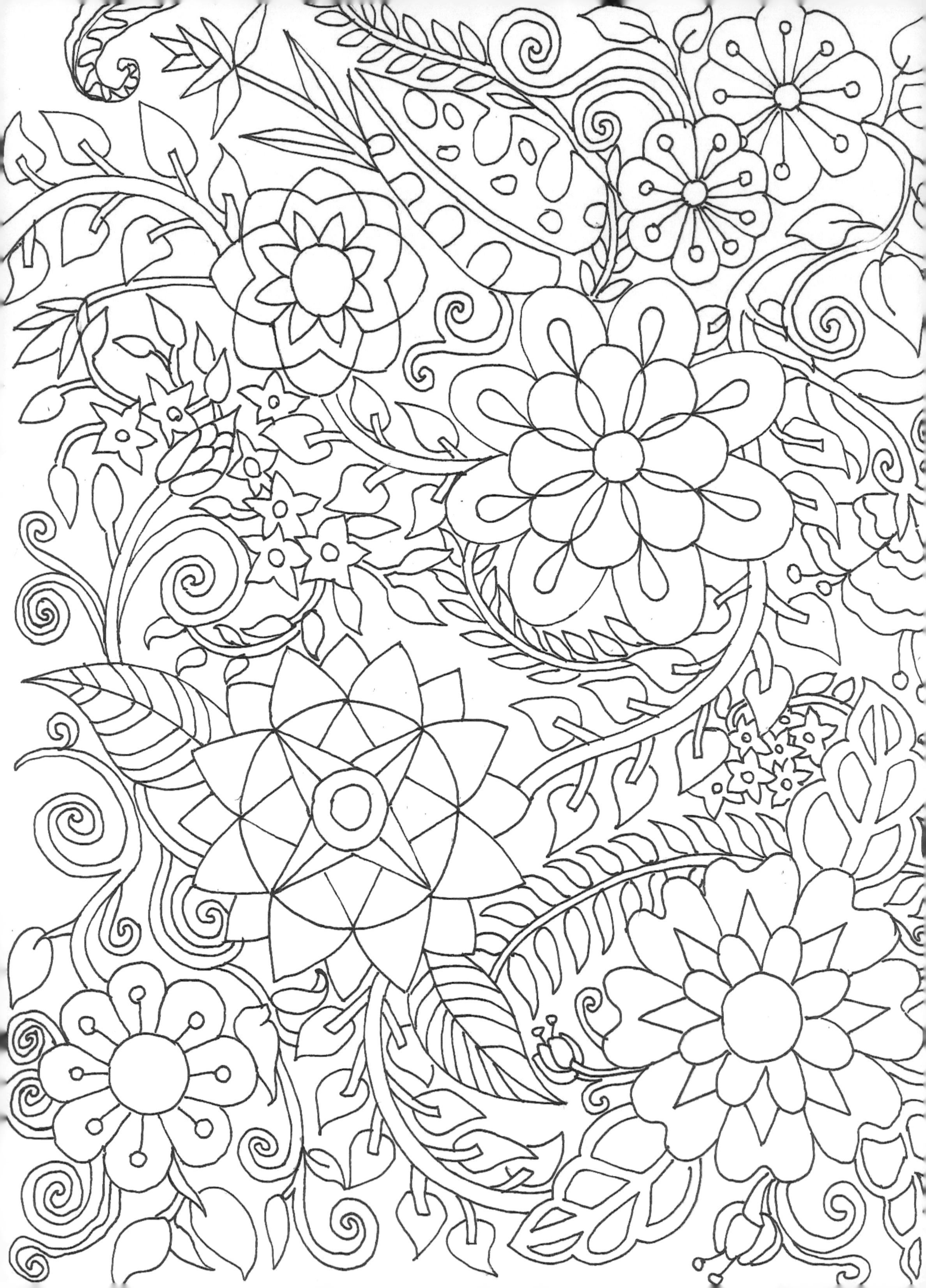

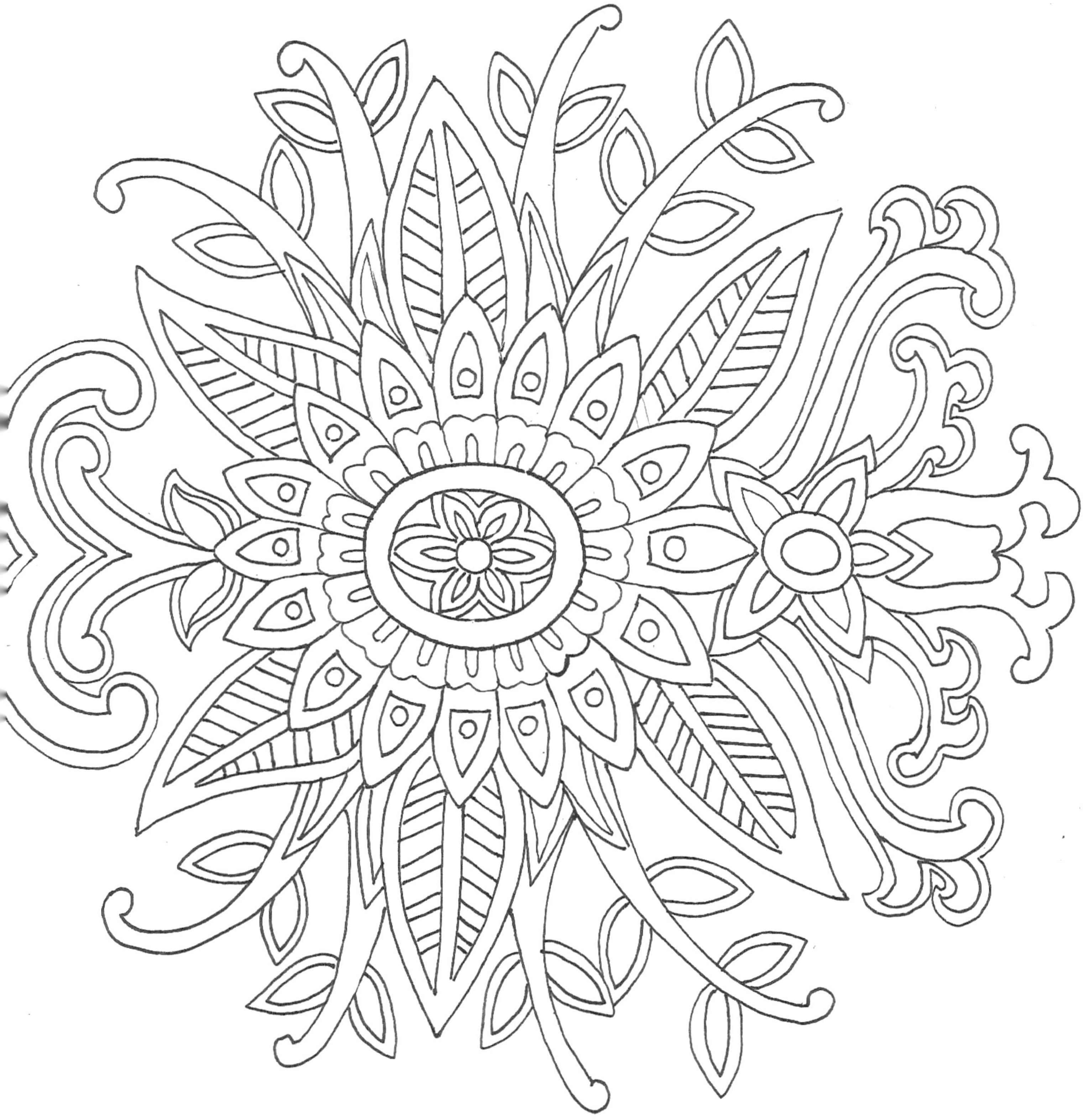

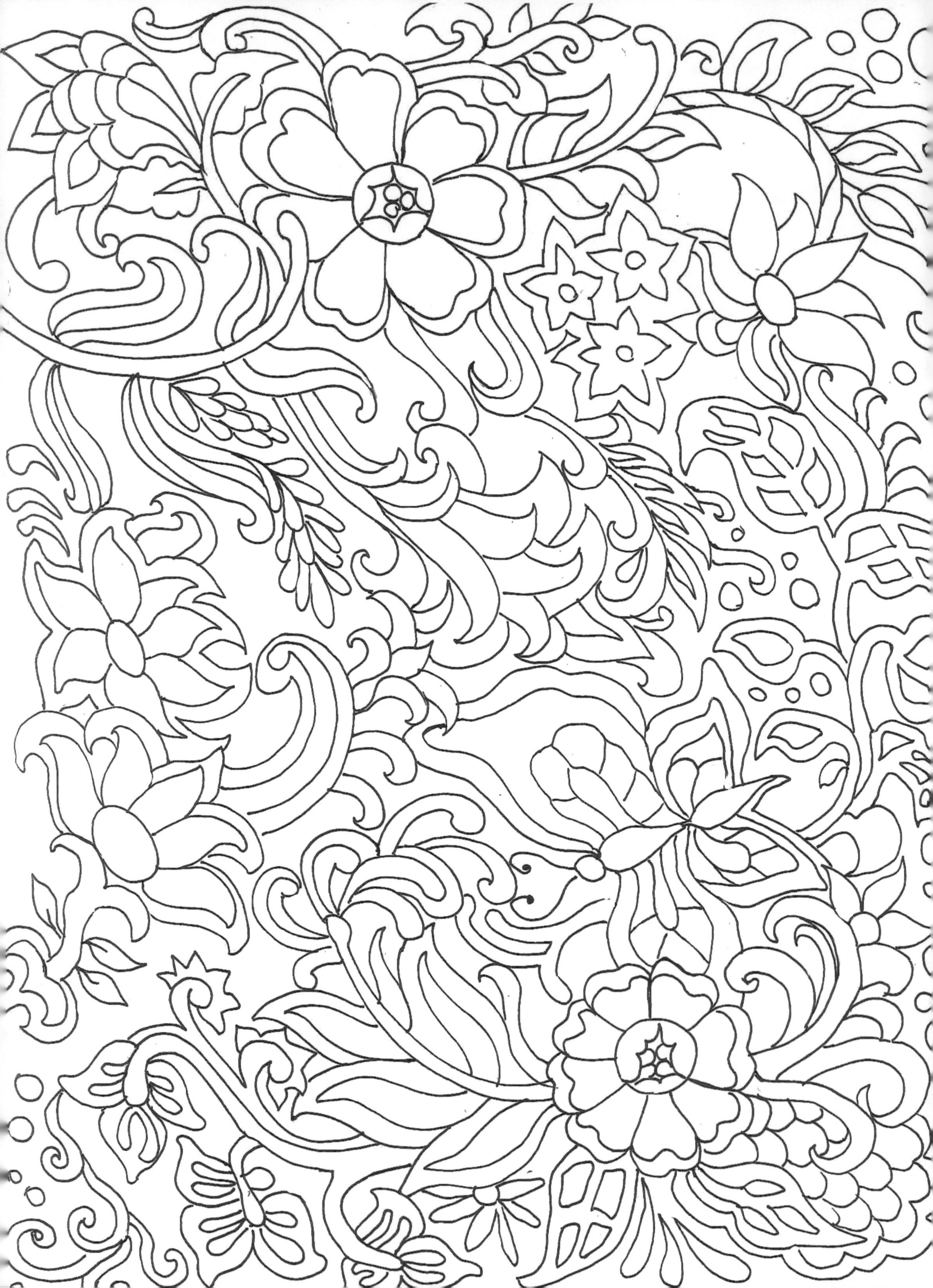

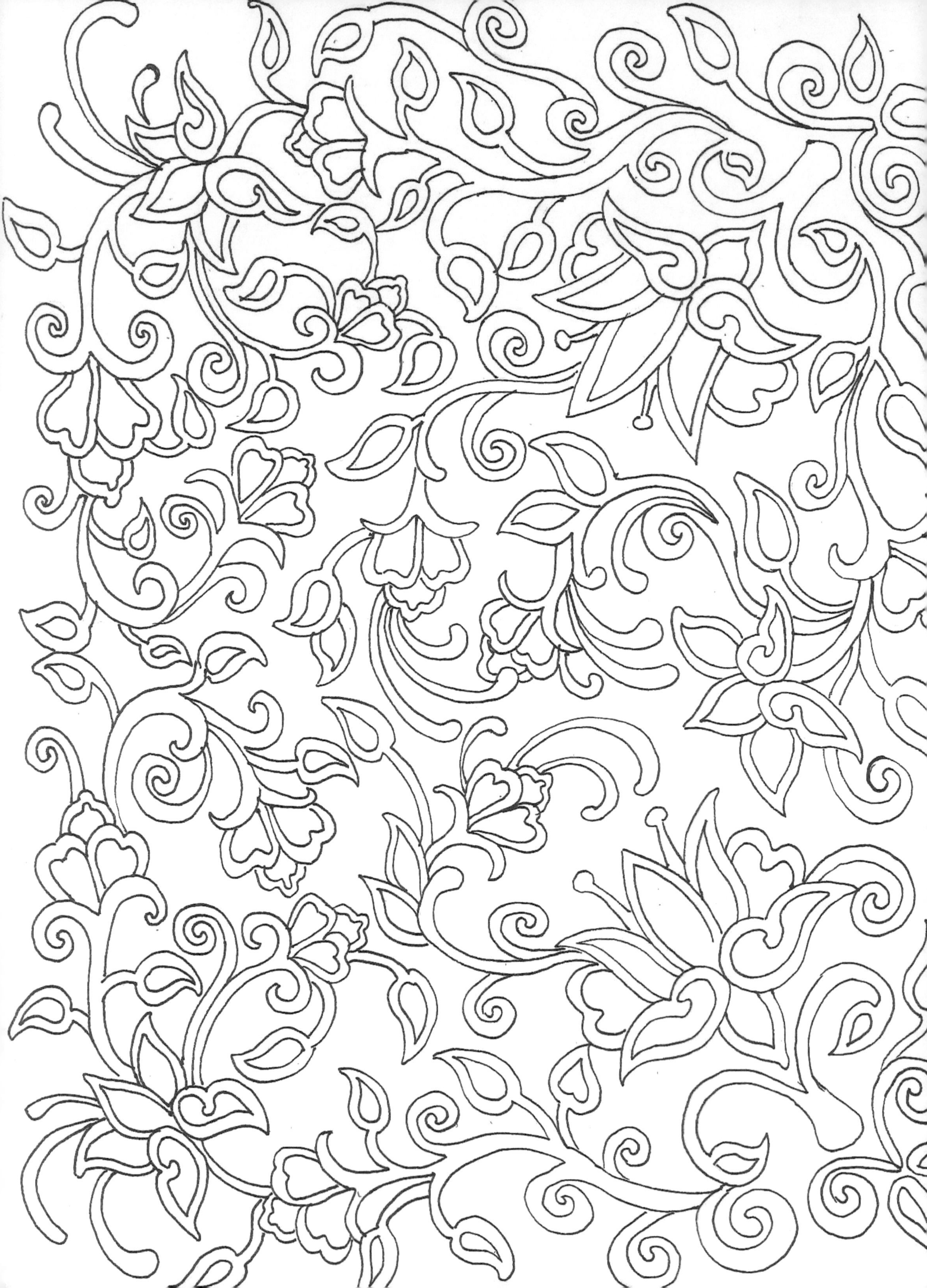

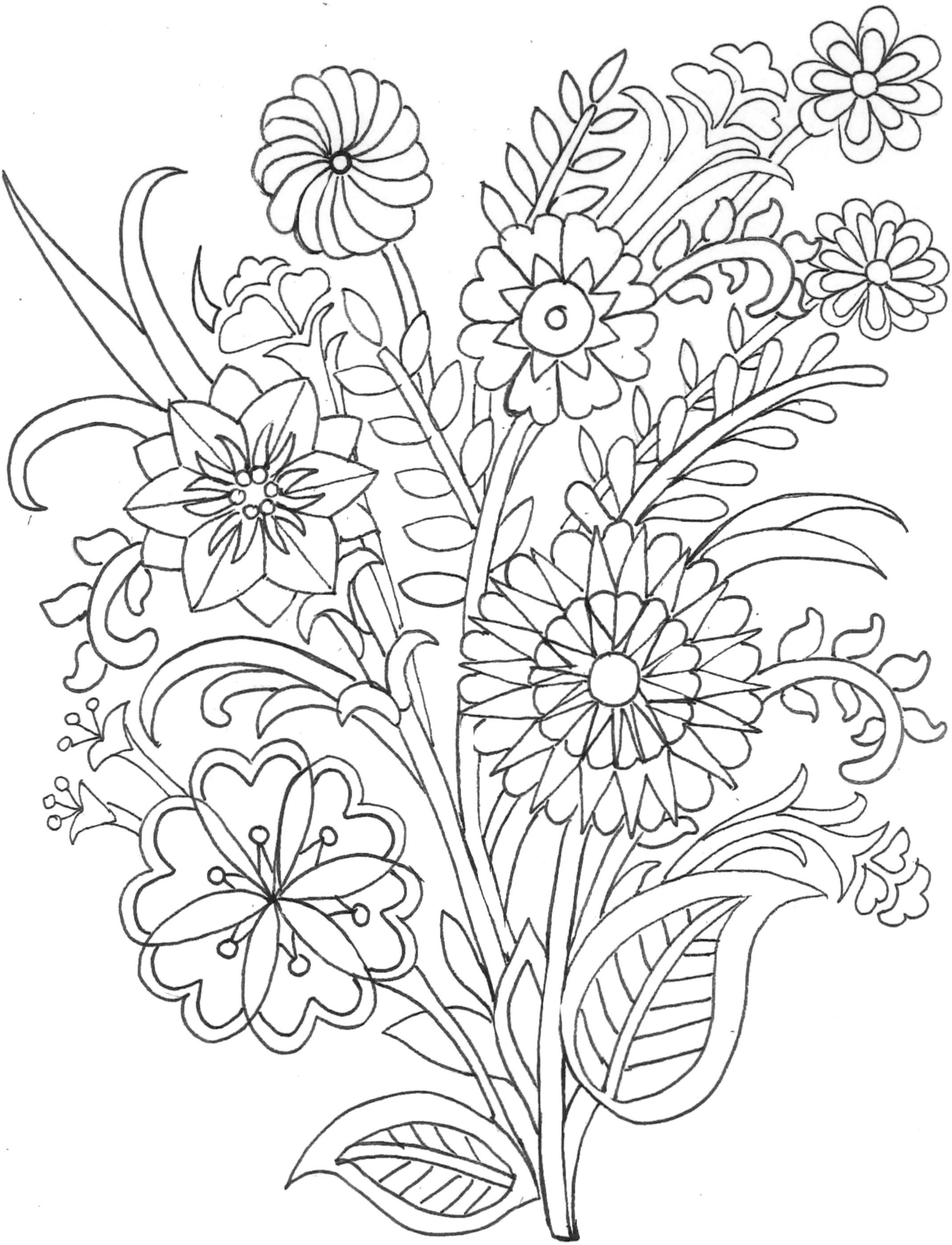

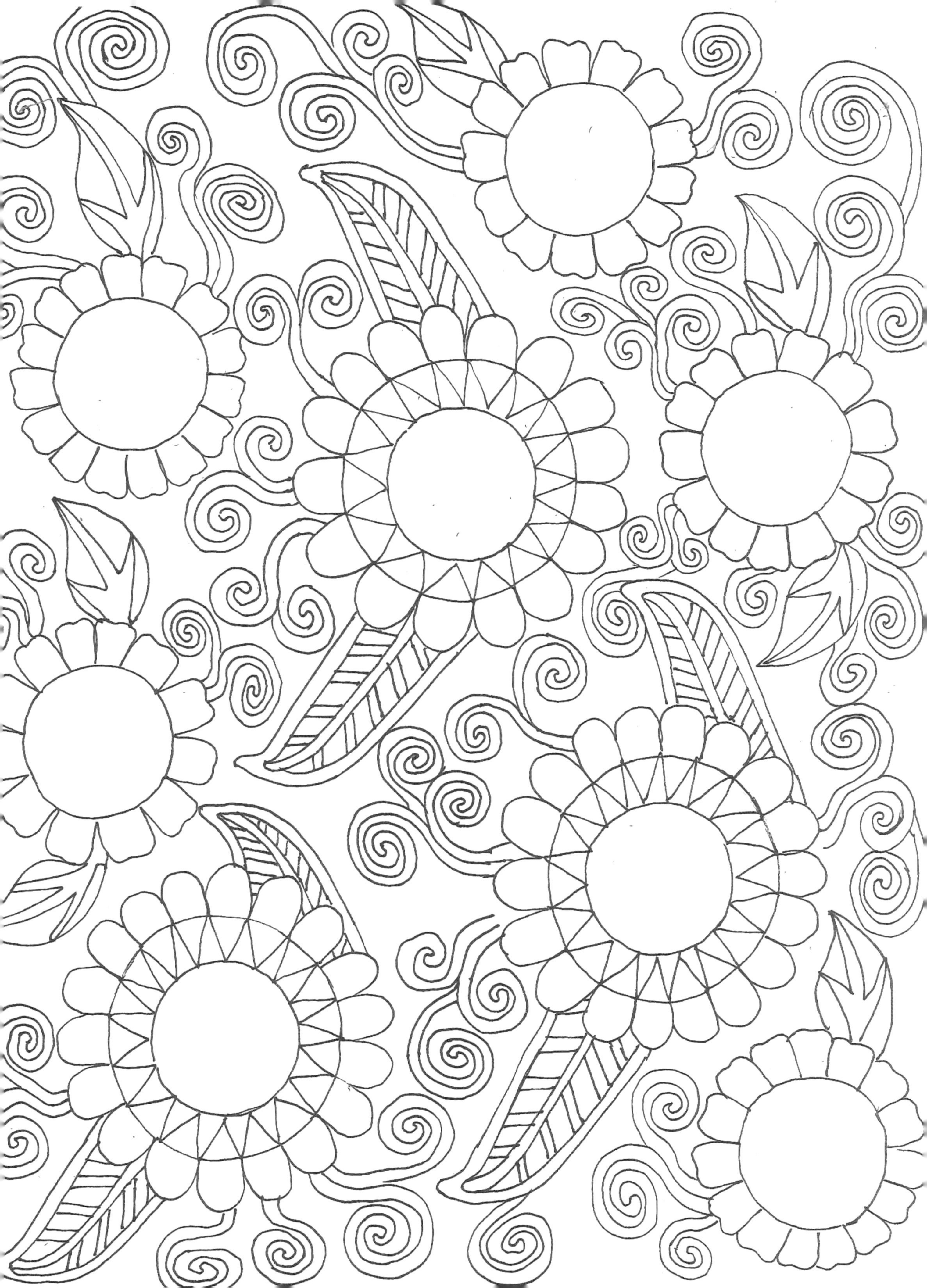

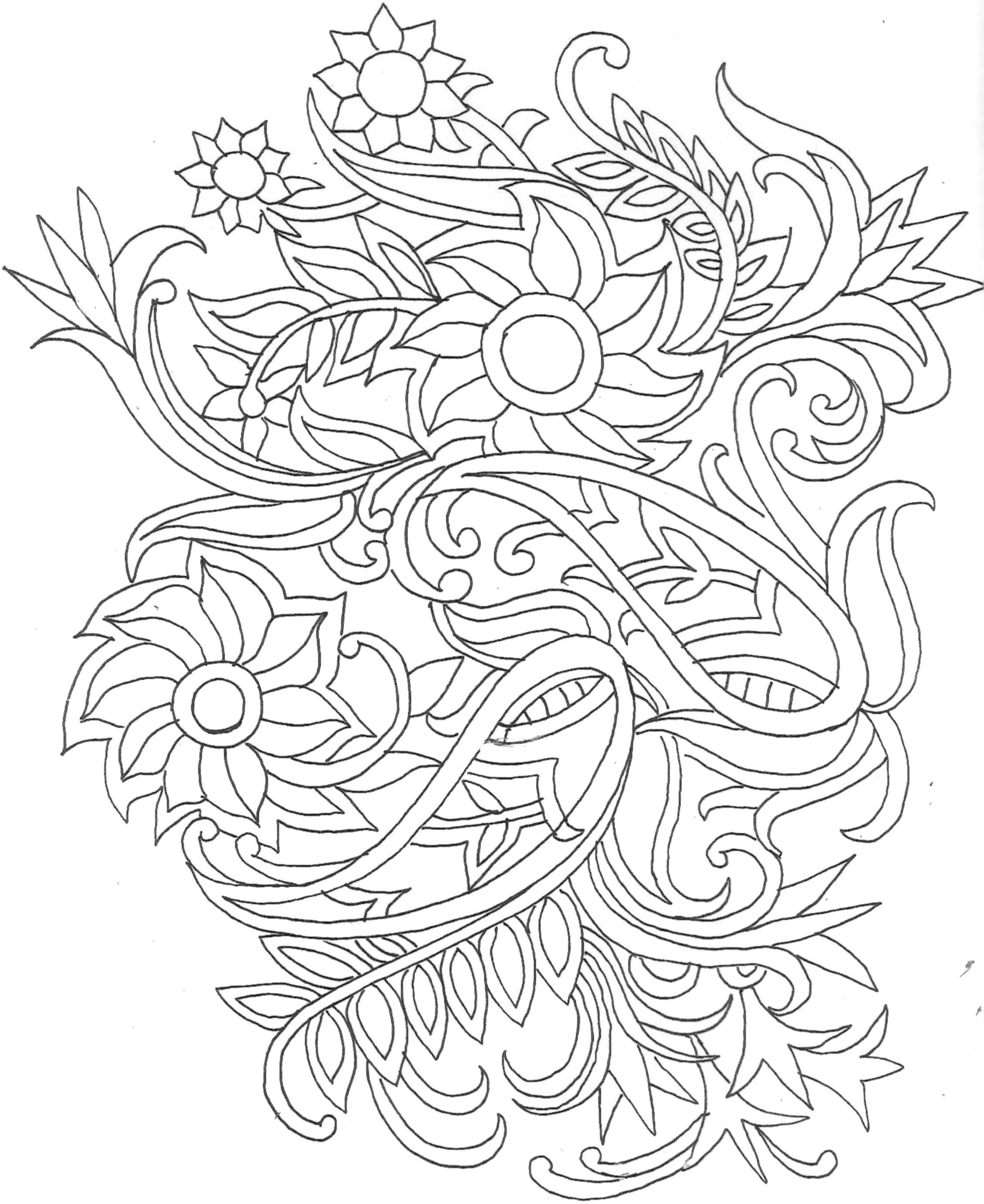

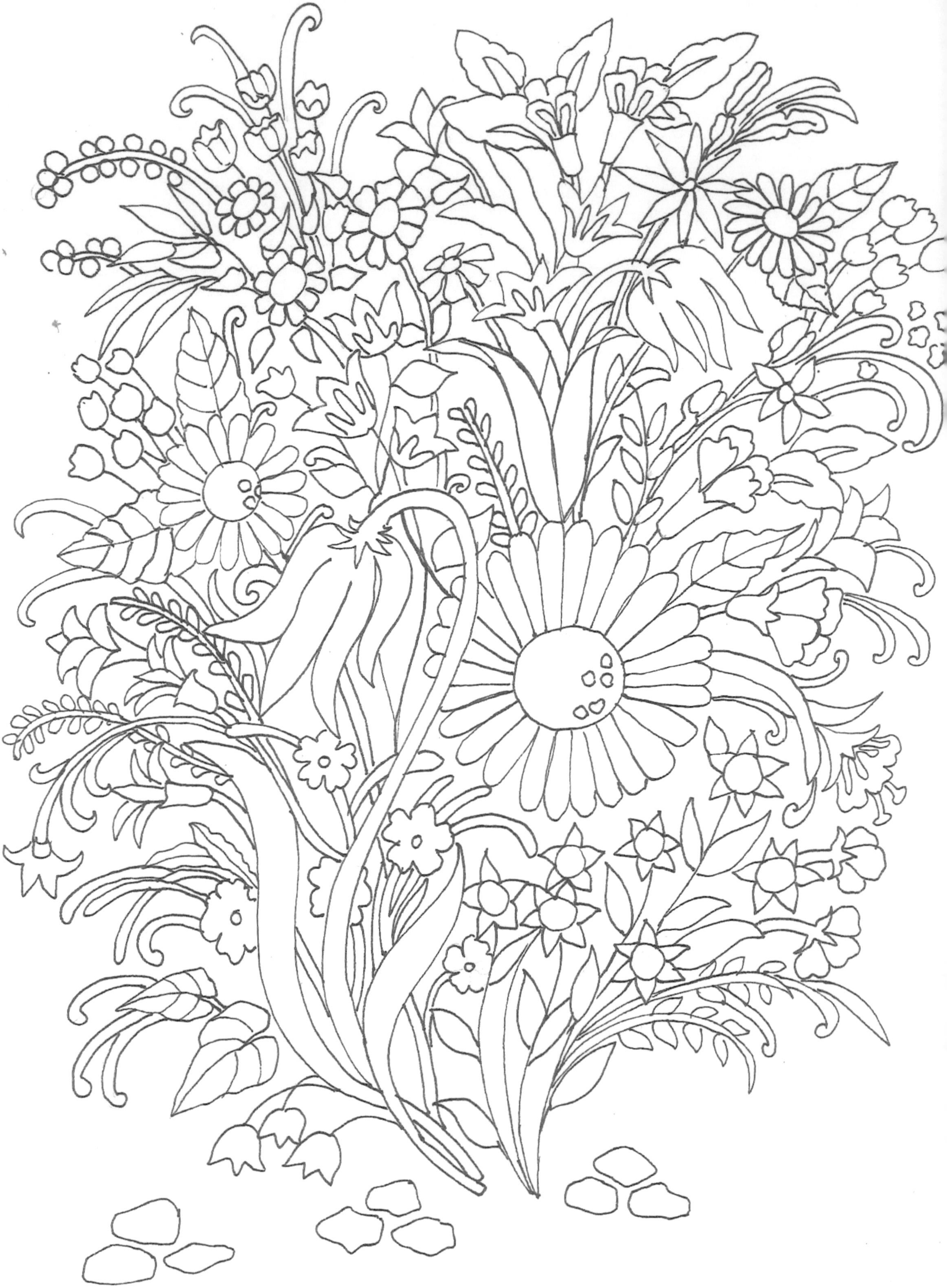

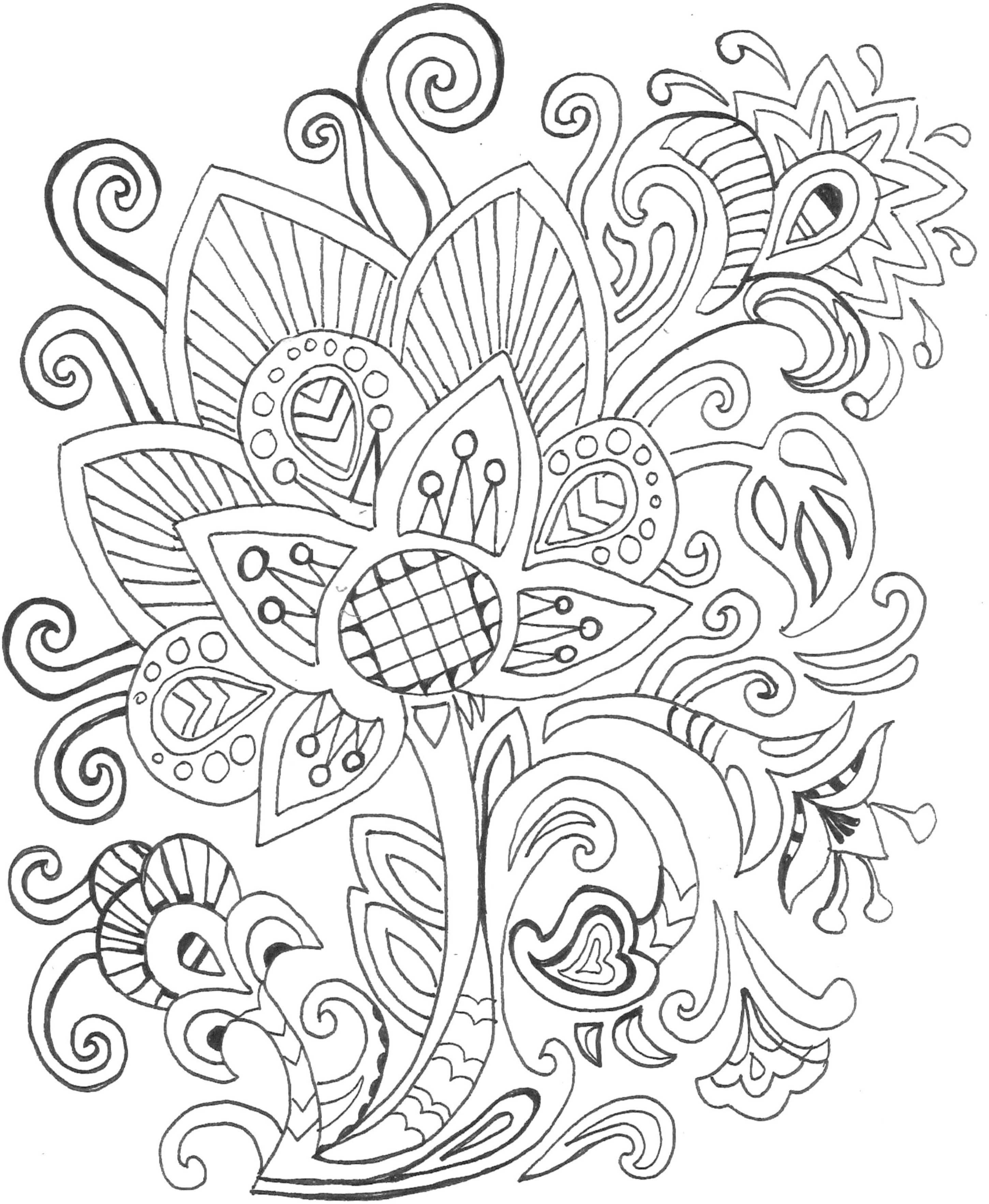

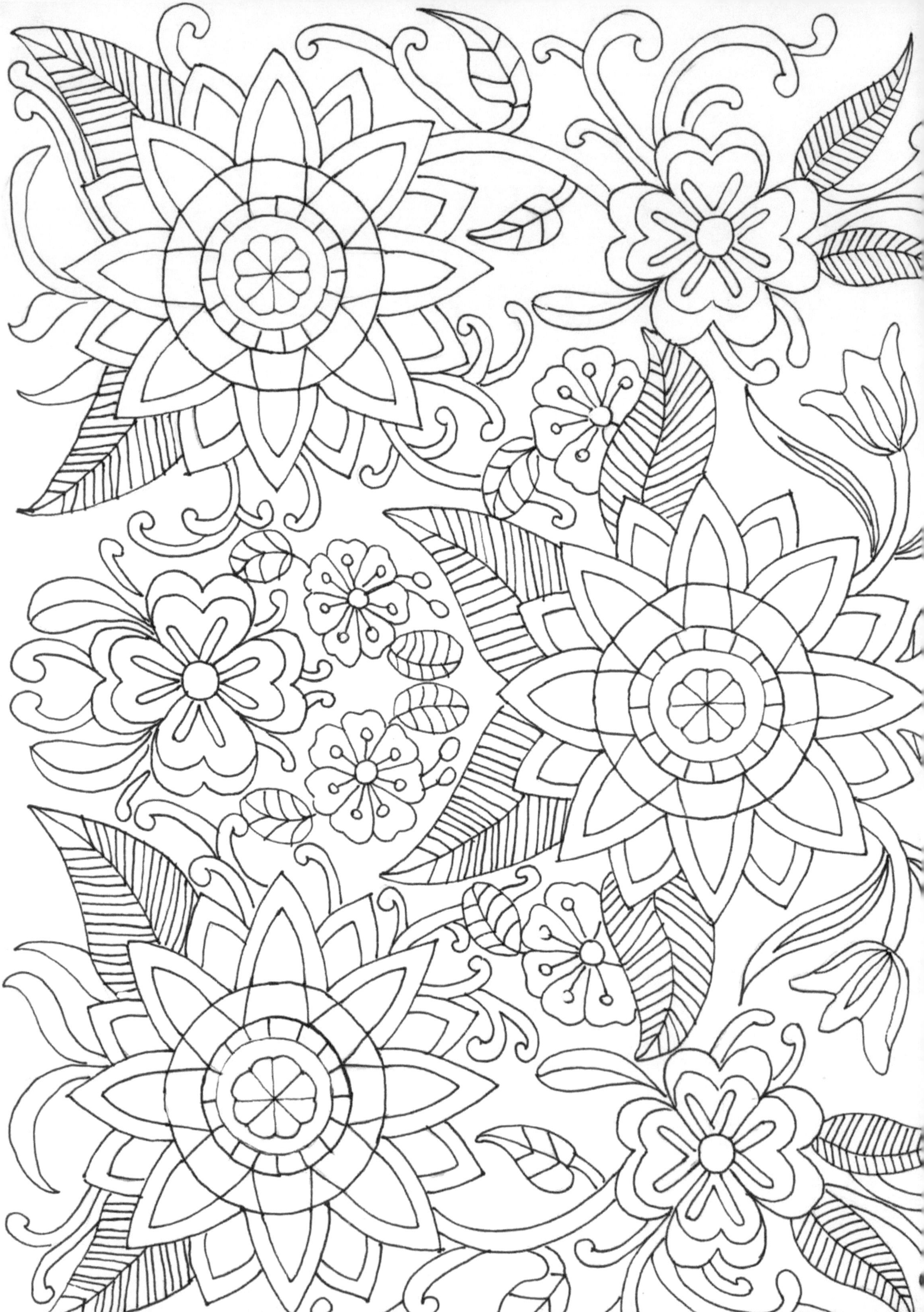

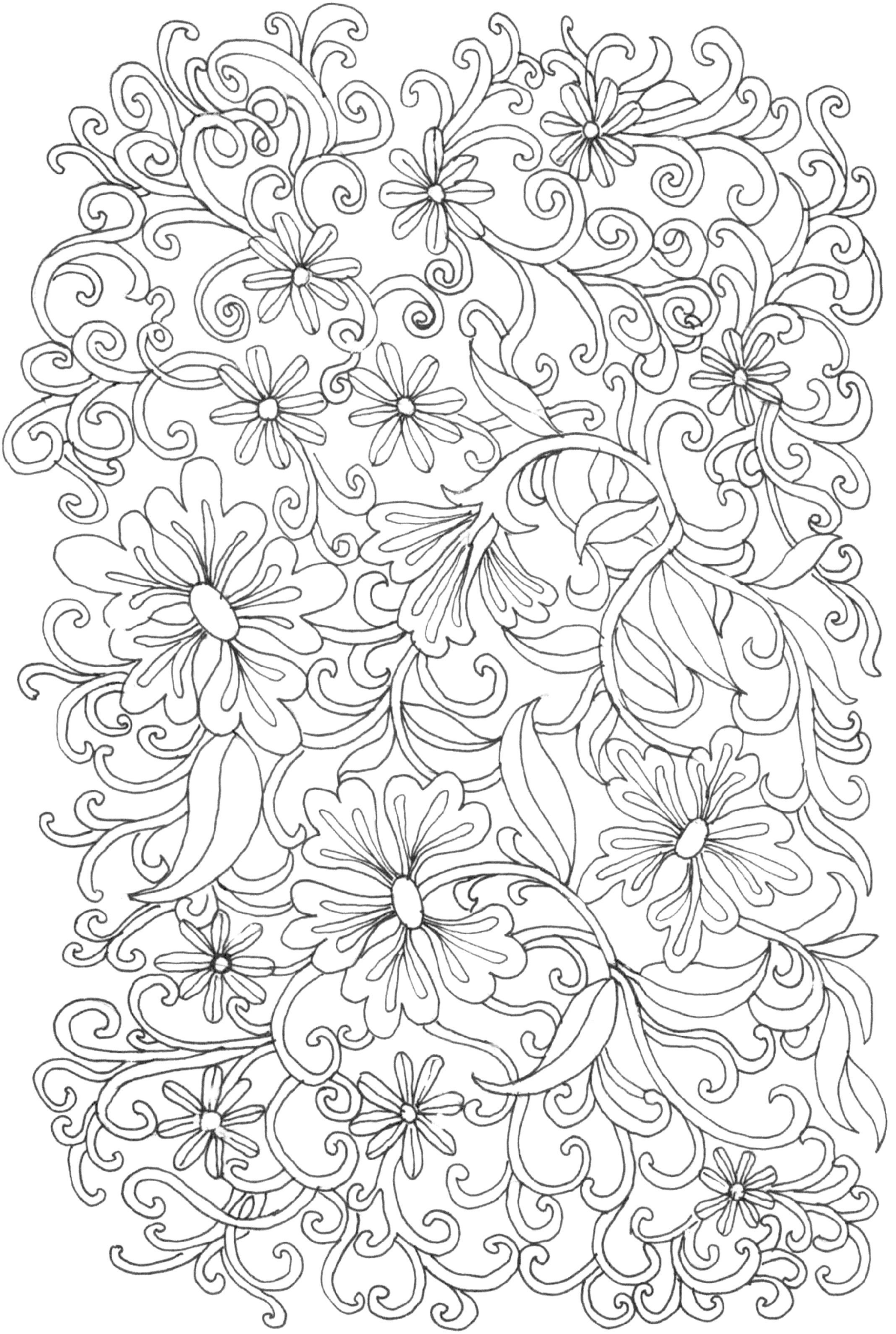

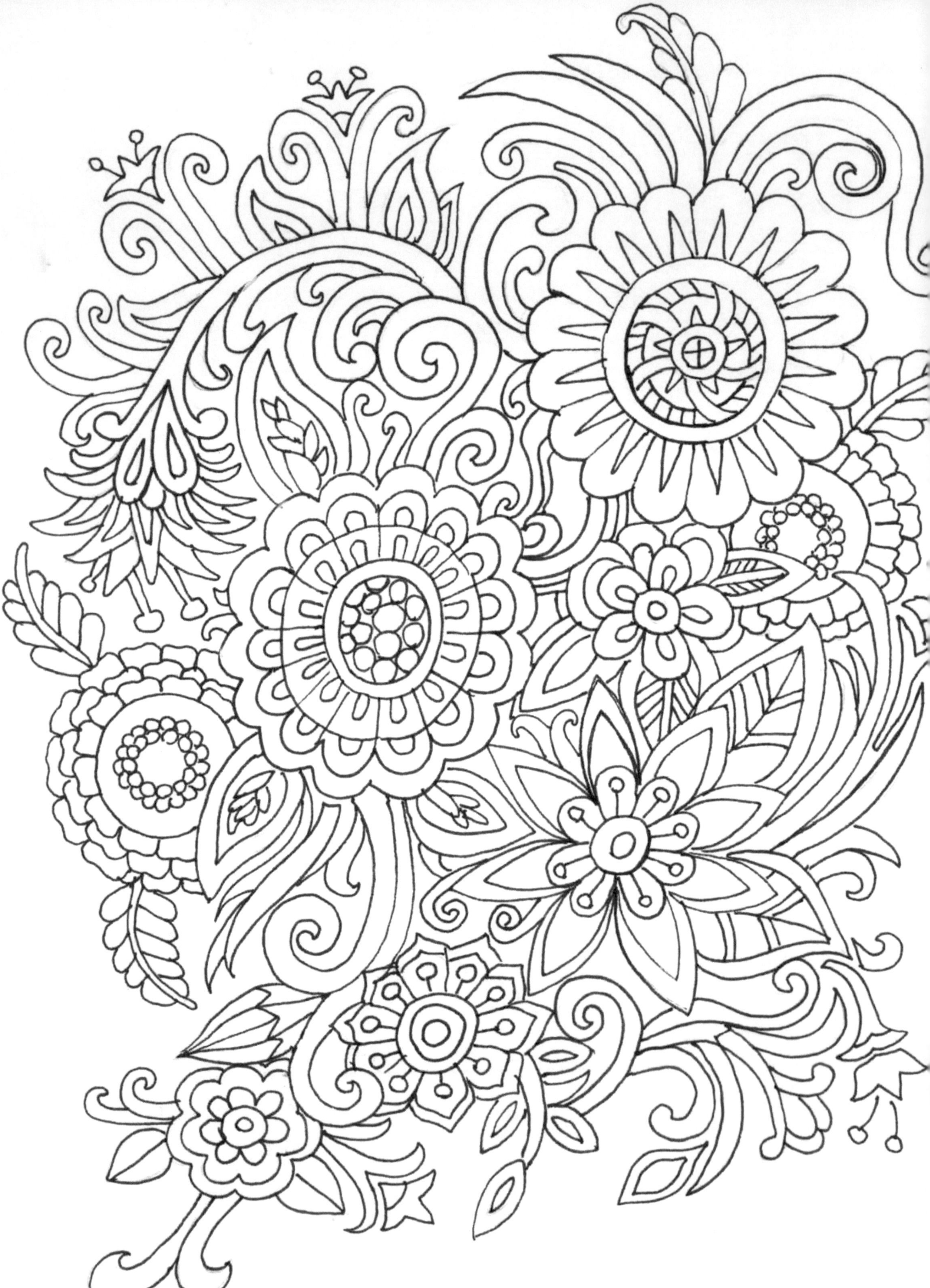

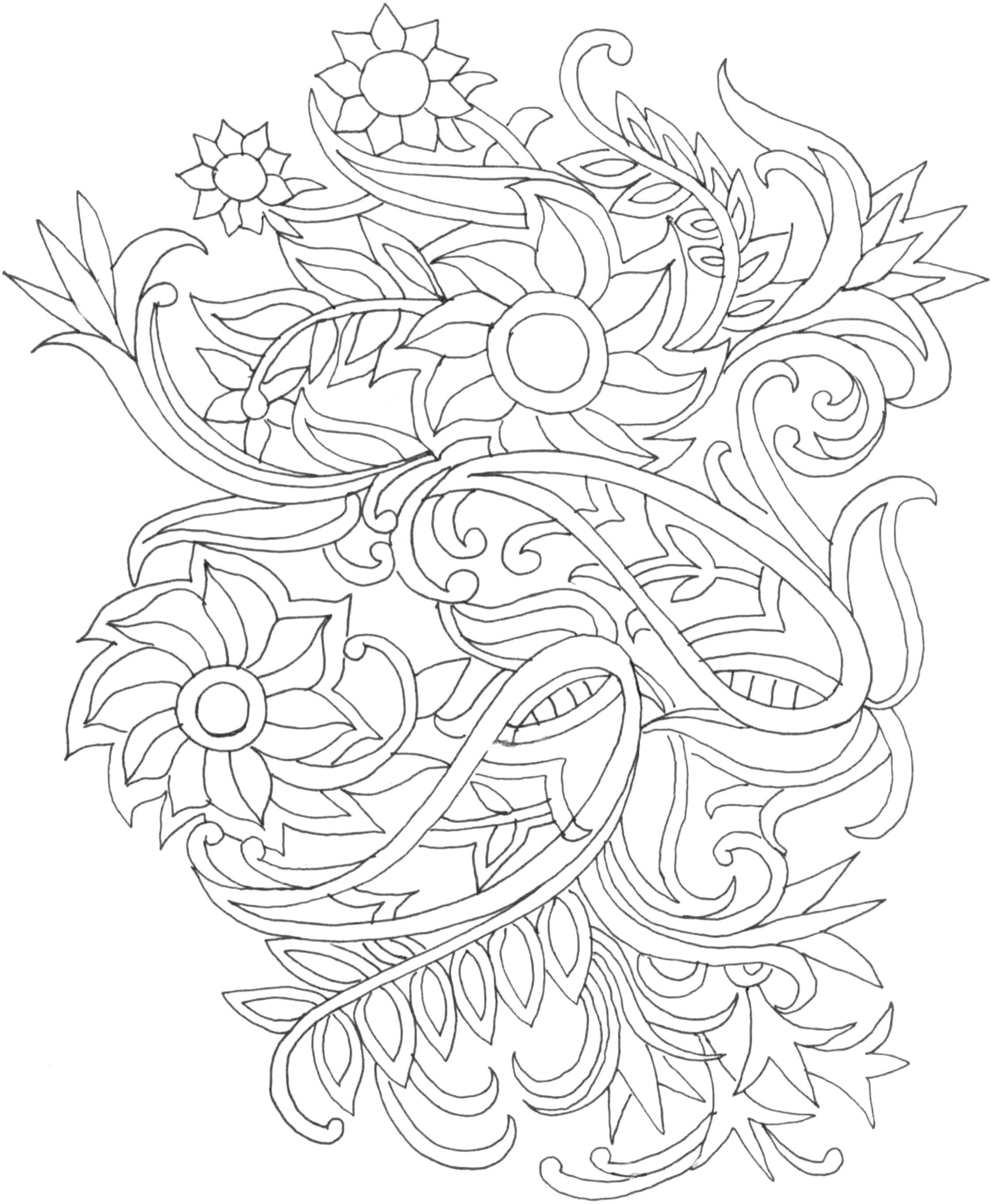

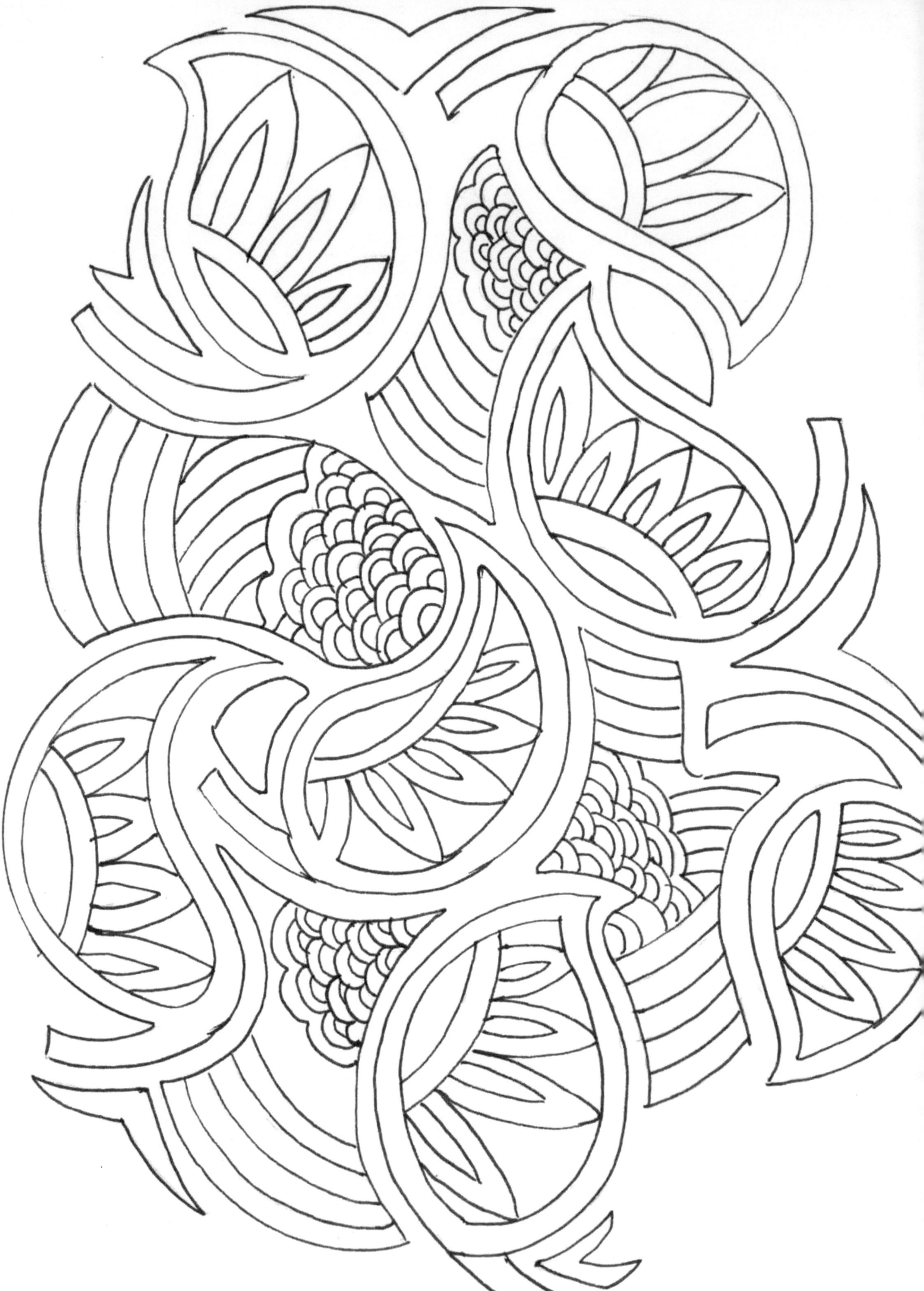

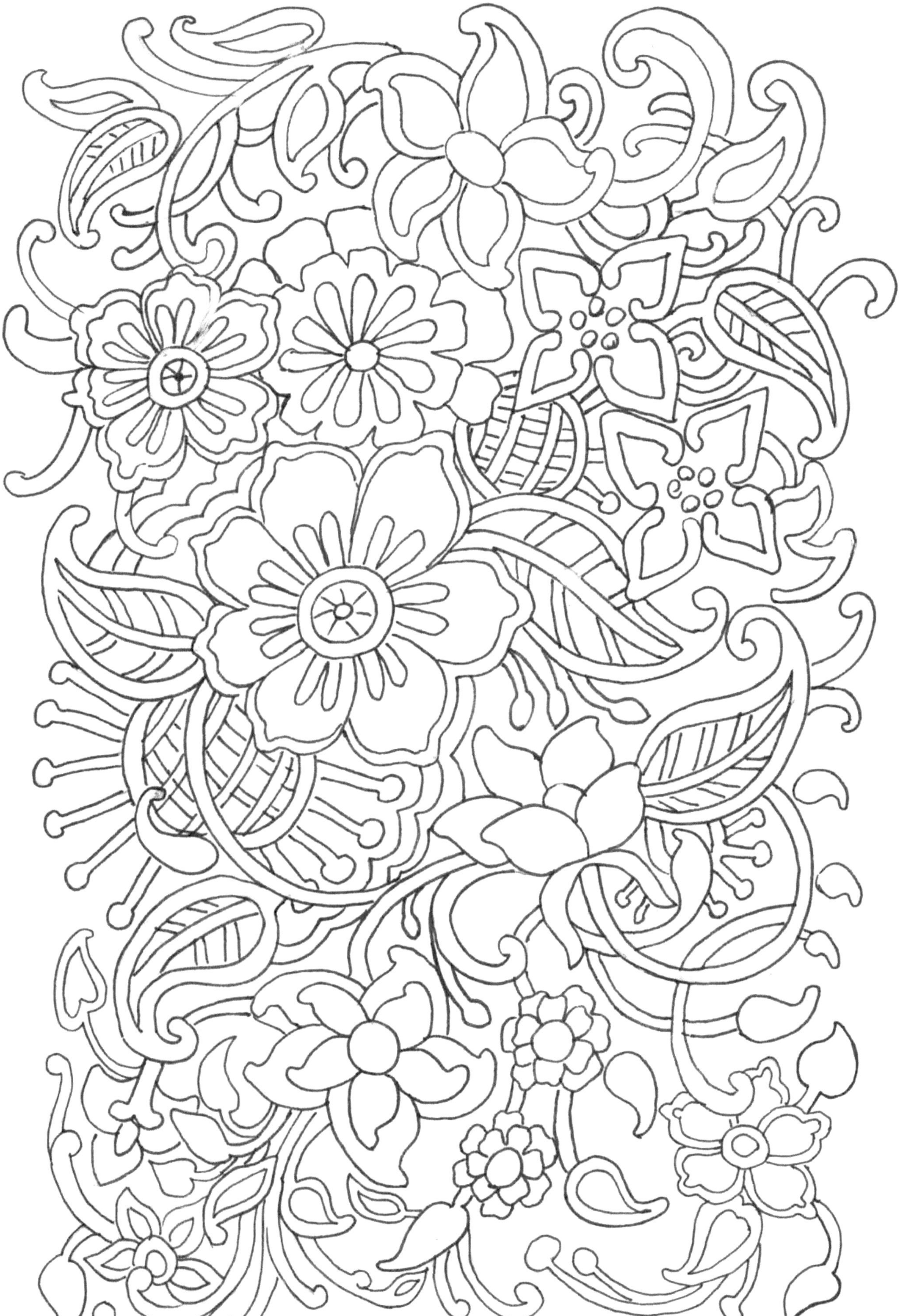

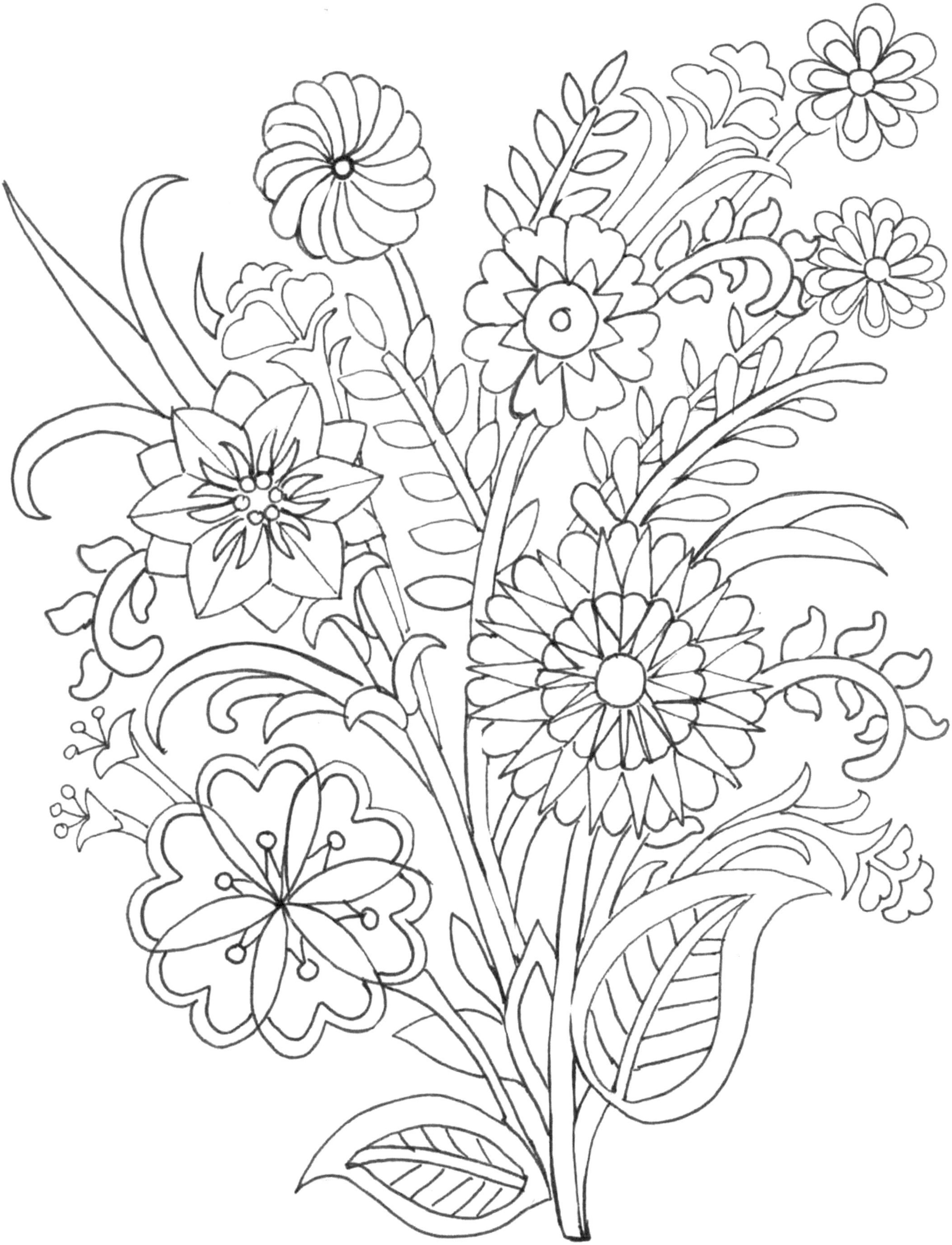

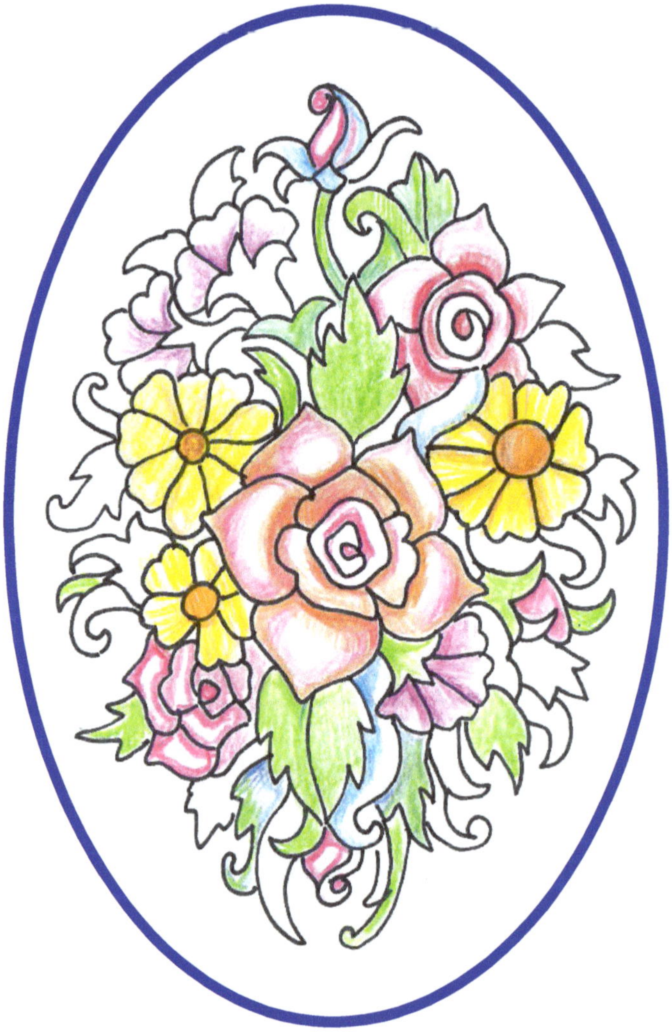

Ayesha Art Studio, Algonquin, IL

www.ingramcontent.com/pod-product-compliance
Lightning Source LLC
Chambersburg PA
CBHW051219220526
45473CB00003B/1102
* 9 7 8 1 9 8 2 0 1 6 0 4 3 *